Finanzen – Freiheit – Vorsorge

Claudia Müller

# Finanzen – Freiheit – Vorsorge

Der Weg zur finanziellen Unabhängigkeit – nicht nur für Frauen

Claudia Müller
Frankfurt am Main, Deutschland

ISBN 978-3-658-28338-4      ISBN 978-3-658-28339-1  (eBook)
https://doi.org/10.1007/978-3-658-28339-1

Die Deutsche Nationalbibliothek verzeichnet diese Publikation in der Deutschen Nationalbibliografie; detaillierte bibliografische Daten sind im Internet über http://dnb.d-nb.de abrufbar.

© Springer Fachmedien Wiesbaden GmbH, ein Teil von Springer Nature 2020
Das Werk einschließlich aller seiner Teile ist urheberrechtlich geschützt. Jede Verwertung, die nicht ausdrücklich vom Urheberrechtsgesetz zugelassen ist, bedarf der vorherigen Zustimmung des Verlags. Das gilt insbesondere für Vervielfältigungen, Bearbeitungen, Übersetzungen, Mikroverfilmungen und die Einspeicherung und Verarbeitung in elektronischen Systemen.
Die Wiedergabe von allgemein beschreibenden Bezeichnungen, Marken, Unternehmensnamen etc. in diesem Werk bedeutet nicht, dass diese frei durch jedermann benutzt werden dürfen. Die Berechtigung zur Benutzung unterliegt, auch ohne gesonderten Hinweis hierzu, den Regeln des Markenrechts. Die Rechte des jeweiligen Zeicheninhabers sind zu beachten.
Der Verlag, die Autoren und die Herausgeber gehen davon aus, dass die Angaben und Informationen in diesem Werk zum Zeitpunkt der Veröffentlichung vollständig und korrekt sind. Weder der Verlag, noch die Autoren oder die Herausgeber übernehmen, ausdrücklich oder implizit, Gewähr für den Inhalt des Werkes, etwaige Fehler oder Äußerungen. Der Verlag bleibt im Hinblick auf geografische Zuordnungen und Gebietsbezeichnungen in veröffentlichten Karten und Institutionsadressen neutral.

Springer ist ein Imprint der eingetragenen Gesellschaft Springer Fachmedien Wiesbaden GmbH und ist ein Teil von Springer Nature.
Die Anschrift der Gesellschaft ist: Abraham-Lincoln-Str. 46, 65189 Wiesbaden, Germany

# Vorwort

Bücher und Ratgeber zum Thema Finanzen gibt es viele. Braucht es wirklich noch ein Buch? Und braucht es ein Buch extra für Frauen?

Dieses Buch richtet sich in seiner Sprache speziell an Frauen. Der Grund dafür: Es gibt viele Studien, die zeigen, dass wir ein Thema anders angehen, wenn wir uns direkt angesprochen fühlen. Der männliche Finanzsektor hat bislang hauptsächlich eine männliche Zielgruppe und orientiert sich an deren Bedürfnissen. Frauen sind bislang sowohl als Mitarbeiterinnen als auch als Kundinnen im Finanzbereich unterrepräsentiert. Die Börse funktioniert zwar für alle Menschen gleich und unterscheidet nicht nach Geschlecht, Herkunft oder Sprache. Die Situationen, Gedanken und Vorbehalte vor dem Investieren sind jedoch unterschiedlich. Dieses Buch richtet sich daher in seiner Sprache direkt an Frauen; Männer und Menschen anderen Geschlechts sind immer mitgemeint. Zudem betrachtet das Buch die typischen Lebenssituationen und die daraus folgende finanzielle Situation von Frauen und geht auf die damit verbundenen Bedürfnisse ein. Alle hier enthaltenen Inhalte sind für alle Menschen relevant, unabhängig von biologischem Geschlecht oder beruflicher oder privater Situation.

Dieses Buch bietet zudem eine ganzheitliche Herangehensweise, angefangen beim Umgang mit Geld im Alltag und in der Beziehung bis hin zum Investieren an der Börse. Damit ist es kein Buch, das Sie einmal lesen und dann nie wieder zur Hand nehmen. Im Gegenteil, es bietet sich an, immer wieder zu einzelnen Passagen zurückzukehren und die Inhalte erneut zu lesen und anzuwenden. So oft, wie sich unsere Lebenssituation ändert, so oft sollten wir auch unsere finanzielle Situation überprüfen.

Wenn es Ihr Ziel ist, schnell reich zu werden, dann sind Sie mit diesem Buch falsch bedient. Auch, wenn Sie Unterstützung bei Ihrer Steuererklärung suchen, sollten Sie einen anderen Ratgeber suchen. Dieses Buch hat zum Ziel, Sie darin zu unterstützen, ein System für Ihre Finanzen zu erstellen, das Sie sowohl im Alltag unterstützt, als auch zum langfristigen, beständigen Vermögensaufbau führt. Dabei kommt es nicht darauf an, welches Einkommen Sie haben; im Gegenteil, die hierin enthaltenen Inhalte lassen sich auf jede Lebenssituation anpassen und bieten Orientierung im Finanzdschungel.

Claudia Müller

# Disclaimer: Haftungsausschuss

Die Benutzung dieses Buches und die Umsetzung der darin enthaltenen Informationen erfolgt ausdrücklich auf eigenes Risiko. Dieses Buch kann eine Anleitung für mögliche Erfolgsstrategien sein, ist jedoch keine Garantie für Erfolge und basiert ausschließlich auf der persönlichen Meinung der Autorin. Die Autorin und der Herausgeber übernehmen daher keine Verantwortung für das Nicht-Erreichen der im Buch beschriebenen Ziele. Haftungsansprüche gegen den Verlag und die Autorin für Schäden materieller oder ideeller Art, die durch die Nutzung oder Nichtnutzung der Informationen bzw. durch die Nutzung fehlerhafter und/oder unvollständiger Informationen verursacht wurden, sind grundsätzlich ausgeschlossen.

Rechts- und Schadensersatzansprüche sind daher ausgeschlossen.

Das Werk inklusive aller Inhalte wurde unter größter Sorgfalt erarbeitet. Der Verlag und die Autorin übernehmen jedoch keine Gewähr für die Aktualität, Korrektheit,

## Disclaimer: Haftungsausschuss

Vollständigkeit und Qualität der bereitgestellten Informationen. Druckfehler und Falschinformationen können nicht vollständig ausgeschlossen werden. Der Verlag und auch die Autorin übernehmen keine Haftung für die Aktualität, Richtigkeit und Vollständigkeit der Inhalte des Buches, ebenso nicht für Druckfehler. Es kann keine juristische Verantwortung sowie Haftung in irgendeiner Form für fehlerhafte Angaben und daraus entstandenen Folgen vom Verlag bzw. der Autorin übernommen werden.

Gehandelte Aktien, Anleihen, ETFs, P2P-Kredite und Fonds sind immer mit Risiken behaftet. Alle Texte sowie die Hinweise und Informationen stellen keine Anlageberatung oder Empfehlung dar. Sie wurden nach bestem Wissen und Gewissen aus öffentlichen Quellen übernommen. Alle zur Verfügung gestellten Informationen (alle Gedanken, Prognosen, Kommentare, Hinweise, Ratschläge etc.) dienen allein der Bildung und der Unterhaltung. Eine Haftung für die Richtigkeit kann in jedem Einzelfall trotzdem nicht übernommen werden.

Die steuerlichen Ausführungen basieren auf unserem Verständnis der derzeit bekannten deutschen Rechtslage für deutsche Anlegerinnen. Es kann keine Gewähr dafür übernommen werden, dass sich die steuerliche Beurteilung durch Gesetzgebung, Rechtsprechung oder Erlasse der Finanzverwaltung nicht ändert. Solche Änderungen können auch rückwirkend eingeführt werden und die beschriebenen steuerlichen Folgen nachteilig beeinflussen. Diese Zusammenfassung erhebt nicht die Anspruch, sämtliche steuerliche Aspekte zu behandeln, die aufgrund der persönlichen Umstände der einzelnen Anlegerin von Bedeutung sein können. Interessierten Anlegerinnen wird daher empfohlen, sich von einer Angehörigen der steuerberatenden Berufe über die steuerlichen Folgen des Erwerbs, des Haltens oder der Veräußerung von Investmentanteilen beraten zu lassen.

# Inhaltsverzeichnis

1 **Warum wir uns um unsere Finanzen kümmern sollten** 1
  1.1 Die Bedeutung von Geld in unserer Gesellschaft 2
    1.1.1 Wer Geld hat, kann Einfluss ausüben 2
    1.1.2 Wer Geld hat, kann seine Interessen ausleben 3
  1.2 Die Bedeutung von Geld für unsere Lebensqualität 5
    1.2.1 Geldsorgen nehmen uns Lebensqualität 5
    1.2.2 Geldsorgen machen einsam 5
    1.2.3 Geldsorgen machen krank 6
    1.2.4 Geldsorgen machen unproduktiv 7
    1.2.5 Geldsorgen sind ein Beziehungskiller 7

|  |  | 1.2.6 | Geldsorgen schränken unsere Gehirnleistung ein | 9 |
| --- | --- | --- | --- | --- |

        1.2.7  Geldsorgen machen ziellos    10
1.3  Die erwartete Rentenentwicklung    10

**2  Frauen und Geld – und warum wir unsere Finanzen anders angehen (müssen)    19**
2.1  Unterschiedliche Lebensrealitäten zwischen Frauen und Männern    21
        2.1.1  Durchschnittsgehalt    21
        2.1.2  Eltern- und Pflegezeit    22
        2.1.3  Teilzeit    24
        2.1.4  Lebenserwartung    26
2.2  Unterschiedliche Herangehensweisen zwischen Frauen und Männern    30
        2.2.1  Frauen und MINT-Fächer    30
        2.2.2  Frauen und Empfehlungen    31
        2.2.3  Frauen und Risiko    31
        2.2.4  Frauen und Nachhaltigkeit    32
2.3  Das Resultat: Unterschiede in Rente und Vermögen    33

**3  Erste Schritte für die Finanzplanung    37**
3.1  Glaubenssätze identifizieren    38
3.2  Analyse des Status quo: Das Nettovermögen    45
3.3  Eine Übersicht erstellen: Das Haushaltsbuch    45
3.4  Alltagsplanung (Budget)    49
        3.4.1  50–30–20    50
        3.4.2  Das Sechs-Töpfe-Modell    51
3.5  Notgroschen aufbauen    55
3.6  Umgang mit Schulden    58
        3.6.1  Gute Schulden, schlechte Schulden    59

|  |  | 3.6.2 | Abbau von Schulden | 61 |
|---|---|---|---|---|
|  | 3.7 | | Finanzen in der Beziehung | 66 |
|  |  | 3.7.1 | Finanzen im Beziehungsalltag | 67 |
|  |  | 3.7.2 | Das Drei-Konten-Modell | 69 |
|  |  | 3.7.3 | Umgang mit unterschiedlichen Gehältern | 72 |
|  |  | 3.7.4 | Ehe und ihre finanziellen und rechtlichen Auswirkungen | 74 |
| **4** | **Kurz-, mittel- und langfristige Finanzplanung** | | | **83** |
|  | 4.1 | | Gedanken zum Anfang | 84 |
|  |  | 4.1.1 | Investieren oder Spekulieren | 84 |
|  |  | 4.1.2 | Bildung | 85 |
|  |  | 4.1.3 | Beratung | 86 |
|  | 4.2 | | Unser Finanz-Haus | 87 |
|  | 4.3 | | Das magische Dreieck der Geldanlage | 90 |
|  | 4.4 | | Verschiedene Anlageklassen | 99 |
|  |  | 4.4.1 | Kurzfristige Finanzplanung | 100 |
|  |  | 4.4.2 | Mittelfristige Finanzplanung | 105 |
|  |  | 4.4.3 | Langfristige Finanzplanung | 108 |
|  | 4.5 | | Exkurs: Finanzielle Freiheit | 111 |
| **5** | **Investieren an der Börse** | | | **115** |
|  | 5.1 | | Die Börse verstehen | 117 |
|  |  | 5.1.1 | Geschichte der Börse | 117 |
|  |  | 5.1.2 | Funktionsweise der Börse | 117 |
|  |  | 5.1.3 | Investition oder Spekulation? | 119 |
|  | 5.2 | | Investieren in Aktien und Anleihen | 120 |
|  | 5.3 | | Investieren in Fonds | 123 |
|  |  | 5.3.1 | Aktive Fonds | 123 |
|  |  | 5.3.2 | Passive Fonds | 123 |
|  |  | 5.3.3 | Vergleich: Aktiver oder Passiver Fonds? | 124 |
|  | 5.4 | | ETFs | 127 |
|  |  | 5.4.1 | Vorteile von ETFs | 129 |

## 6 Umsetzung, ganz praktisch — 133

- 6.1 Die Wahl des „richtigen" ETF — 134
  - 6.1.1 Die richtige Mischung aus Risiko und Rendite — 134
  - 6.1.2 Die Wahl des richtigen Index — 138
  - 6.1.3 Dividenden ansparen oder auszahlen — 140
  - 6.1.4 Die Kosten des ETF — 141
  - 6.1.5 Die Größe des ETF — 142
  - 6.1.6 Das Alter des ETF — 142
  - 6.1.7 Die Nachbildung des Index — 143
  - 6.1.8 Nachhaltigkeit — 144
- 6.2 Beispiele für Standard-Portfolios — 149
- 6.3 Den richtigen Zeitpunkt für die Investition abpassen — 154
- 6.4 Das richtige Depot auswählen und eröffnen — 156
  - 6.4.1 Depot auswählen — 156
  - 6.4.2 Depot eröffnen — 157
  - 6.4.3 ETF kaufen — 157
- 6.5 Geldanlage für Kinder — 158
  - 6.5.1 Welche Art der Geldanlage? — 160
  - 6.5.2 Auf welchen Namen läuft das Konto? — 161
- 6.6 Die häufigsten Fehler und wie Sie sie vermeiden können — 162
  - 6.6.1 Kurzfristiges Denken — 162
  - 6.6.2 Wenn ich viel Geld habe, fange ich an zu investieren — 162
  - 6.6.3 Zu schnell aufgeben — 163
  - 6.6.4 Panik-Verkauf — 165
- 6.7 Kritik an ETFs — 165

## 7 Am Ende des Investitionshorizonts — 169
7.1 Der richtige Zeitpunkt für den Verkauf — 170
7.2 Leben von der Dividende – finanzielle Freiheit — 171
7.3 Steuern — 171

## 8 Abschließende Bemerkungen — 175
8.1 Mit Beraterin oder ohne? — 175
    8.1.1 Die „normale" Bankberatung — 176
    8.1.2 Die Alternative: eine Honorarberatung — 177
8.2 Private Rentenversicherung als Alternative — 178
8.3 Denken Sie positiv! — 179
8.4 Bleiben Sie in Balance! — 179
8.5 Geben Sie Ihr Wissen weiter! — 180

**Literatur** — 181

# 1

# Warum wir uns um unsere Finanzen kümmern sollten

**Zusammenfassung** Geld spielt heutzutage eine große Rolle, sowohl auf gesellschaftlicher, als auch auf individueller Ebene. Es gibt viele Bereiche, die von unserem Geld abhängen oder davon beeinflusst werden. Dies gilt sowohl für unsere Gesellschaft, als auch für unsere Gesundheit und unsere Beziehungen. Selbst die Qualität unserer Entscheidungen hängt von unserer finanziellen Situation ab. Zudem hat sich die staatliche finanzielle Unterstützung, insbesondere die Rente, verändert und wird sich auch in Zukunft weiter verändern – vermutlich weiterhin negativ. Das Rentenniveau der gesetzlichen Rente sinkt kontinuierlich und reicht bereits jetzt nicht, um im Rentenalter den Lebensstandard zu halten. Ein konstruktiver, vorausschauender Umgang mit unseren privaten Finanzen und ein langfristiger Vermögensaufbau werden daher immer wichtiger.

© Springer Fachmedien Wiesbaden GmbH, ein Teil von Springer Nature 2020
C. Müller, *Finanzen – Freiheit – Vorsorge*,
https://doi.org/10.1007/978-3-658-28339-1_1

Beinahe jede von uns kennt das Gefühl, sich „um ihre Finanzen" kümmern zu müssen. Was genau das bedeutet und warum wir das tun sollten, ist jedoch häufig unklar. Es handelt sich vielmehr um ein diffuses Bauchgefühl, das uns immer ein schlechtes Gewissen verpasst, sobald wir länger darüber nachdenken.

Es gibt mehrere Gründe, weshalb wir uns mit unseren Finanzen beschäftigen sollten. Diese Gründe sind auf gesellschaftlicher ebenso wie auf individueller Ebene zu finden.

## 1.1 Die Bedeutung von Geld in unserer Gesellschaft

### 1.1.1 Wer Geld hat, kann Einfluss ausüben

In unserer Gesellschaft ist Geld gleichbedeutend mit Aufmerksamkeit. Gutverdienende Berufsgruppen haben eine lautere Stimme als Vertreter schlecht verdienender Berufe. Unternehmen, die viel Umsatz generieren und viele Menschen beschäftigen, können sich besser positionieren und werden eher gehört als Kleinunternehmen. Und eine reiche Frau bekommt mehr Aufmerksamkeit als eine arme Frau, unabhängig von ihrer Intelligenz oder der Relevanz ihrer Aussagen. Margaret Thatcher, die ehemalige britische Premierministerin, sagte: „Niemand würde sich an den barmherzigen Samariter erinnern, wenn der nur gute Absichten gehabt hätte. Er hatte auch Geld."

Diese Aufmerksamkeit, die durch Reichtum und Bekanntheit entsteht, kann genutzt werden, um Macht auszuüben und Einfluss zu nehmen. Der Schauspieler

Leonardo di Caprio nutzt seine Bekanntheit, um auf den Klimawandel aufmerksam zu machen. Und US-Präsident Donald Trump wäre ohne seinen finanziellen Hintergrund möglicherweise nicht so weit gekommen.

Geld gibt uns die Möglichkeit, Einfluss auszuüben. Wir können damit die Gesellschaft prägen. Diese Aussage hat häufig einen negativen Beigeschmack: „Geld ist Macht" wird selten positiv interpretiert. Dabei können wir diese Macht nutzen, um einen positiven Einfluss auszuüben. Wir können uns für die Dinge einsetzen, die uns persönlich wichtig sind. Das kann in unserem direkten Umfeld sein – in unserem Stadtteil, unserer Region oder unserem Land –, und das können globale Themen sein, die uns am Herzen liegen. Dabei ist es egal, ob wir uns gegen Kinderarbeit in Afrika oder für einen besseren KiTa-Ausbau in Berlin einsetzen. Unsere Mission wird wahrscheinlich erfolgreicher sein, wenn wir viele Menschen und viel Geld hinter uns versammeln.

## 1.1.2 Wer Geld hat, kann seine Interessen ausleben

Neben dem direkten Einfluss in Form von (medialer) Aufmerksamkeit und Bekanntheit können wir durch unseren Konsum ein deutliches Zeichen setzen. Wenn alle Menschen nur noch Eier aus bio-zertifizierten Betrieben kaufen, werden die Betriebe bald den Wünschen der Konsumentinnen folgen und auf Bio-Produktion umstellen. Innerhalb kurzer Zeit würden Eier aus Bodenhaltung aus den Supermarktregalen verschwinden. Dasselbe gilt für andere Bereiche: Wir können mit unserem Konsum entscheiden, ob wir Handyhersteller unterstützen, von denen bekannt ist, dass ihre Zulieferer Kinderarbeit tolerieren; ob wir von Autoherstellern kaufen, die nicht in die Forschung für alternative Motoren investieren; oder ob wir bei Unternehmen kaufen, die sich für faire Bedingungen einsetzen und, soweit möglich, regionale und saisonale Produkte beziehen.

Bislang ist es jedoch so, dass die nachhaltigen Hersteller dafür zahlen müssen, sich zertifizieren zu lassen. Um ihren Nachhaltigkeitsbestrebungen Glaubwürdigkeit zu verleihen, müssen sie eine unabhängige Zertifizierungsstelle damit beauftragen, diese Nachhaltigkeit immer wieder zu überprüfen und zu bestätigen. Für diese Überprüfung entstehen ihnen Kosten, die sie an uns Konsumentinnen weitergeben. Zudem sind nachhaltige Unternehmen häufig kleiner und können daher nicht ebenso niedrige Preise verlangen, wie große Ketten. Dadurch sind nachhaltige, fair produzierte Produkte häufig teurer als ihre nicht-nachhaltigen Äquivalente. Um auch unseren Konsum an unseren Überzeugungen auszurichten, ist es wichtig oder zumindest hilfreich, ausreichend Geld und damit Entscheidungsfreiheit zu haben.

Dasselbe gilt für Spenden: Unsere Herzensprojekte können wir häufig am besten durch Engagement oder Geld unterstützen. Wenn wir keine Zeit oder keine Möglichkeiten haben, uns zu engagieren, kann Geld die beste Wahl sein.

Ob wir uns manchmal wünschen, dass Geld eine weniger große Rolle in unserer Gesellschaft spielen würde, ist an dieser Stelle nicht entscheidend. Entscheidend ist, dass wir Geld brauchen, um in unserem System unsere Meinung kundtun und unser Leben nach unseren Überzeugungen führen zu können.

## 1.2 Die Bedeutung von Geld für unsere Lebensqualität

### 1.2.1 Geldsorgen nehmen uns Lebensqualität

Die Bundesregierung ist 2015 mit rund 15.750 Menschen in den Dialog getreten, um die Bedürfnisse und Kriterien für Lebensqualität zu erfahren. 2016 wurde der „Bericht der Bundesregierung zur Lebensqualität in Deutschland" veröffentlicht (Bundesregierung 2016). In diesem Dialog hat sich herauskristallisiert, dass die Höhe der Bezahlung und die finanzielle Absicherung in Deutschland zu den wichtigsten Faktoren für Lebensqualität gehören. Damit stehen diese finanziellen Aspekte in der Prioritätenliste direkt hinter Frieden im eigenen Land und dem Einsatz für Frieden in der Welt. Im Umkehrschluss bedeutet dies, dass ein Verlust der finanziellen Absicherung unmittelbar mit einem drastischen Verlust an Lebensqualität gleichzusetzen ist. Wenn wir uns um unsere Finanzen kümmern, geht es also zunächst nicht darum, reich zu werden. Es geht vielmehr darum, dass es für ein gutes Leben reicht.

### 1.2.2 Geldsorgen machen einsam

Geld ermöglicht uns die Teilhabe an der Gesellschaft. In unserem System kostet fast alles Geld. Sei es der Besuch im Zoo mit unseren Kindern oder Enkeln, sei es die Tasse Kaffee im Café, sei es die Miete für eine Wohnung, in der wir gerne Besuch empfangen. Soziale Kontakte sind jedoch einer der wichtigsten Aspekte für unsere Gesundheit (Wissenschaft.de 2017; Jungbauer-Gans 2002; Kieselbach 2006). Ohne soziale Kontakte – dazu zählt unsere

Familie ebenso wie unsere Freunde, Arbeitskollegen oder Bekannte – werden wir körperlich und psychisch krank. Die Möglichkeit, am gesellschaftlichen Leben teilzuhaben, ist also nicht nur wichtig, um ein schönes Leben zu haben. Es geht vielmehr um die Grundlagen unserer Gesundheit und unseres Wohlbefindens.

Hinzu kommt, dass Geldsorgen häufig mit Scham und einem niedrigen Selbstwertgefühl verbunden sind. In Deutschland ist es ein Tabu, über Geld zu sprechen. Menschen mit Geldsorgen möchten ihrem Umfeld nicht zur Last fallen oder scheuen sich, ihrer Familie oder ihren Freunden zu begegnen, wenn sie bei diesen Schulden haben. Dies führt dazu, dass Menschen mit Schulden sich von ihrem Umfeld zurückziehen; auch, wenn die Verschuldung eingetreten ist, ohne dass jemand persönlich etwas dazu beigetragen hat.

### 1.2.3 Geldsorgen machen krank

Es gibt einen eindeutigen Zusammenhang zwischen Überschuldung und Gesundheit. Überschuldete Menschen leiden deutlich häufiger an psychischen Erkrankungen, insbesondere Depression. So hat eine Studie der Universität Mainz herausgefunden, dass 40 % der untersuchten überschuldeten Menschen von einer psychischen Erkrankung betroffen waren. Diese Erkrankungen treten bei Frauen wesentlich häufiger auf als bei Männern: beinahe jede zweite verschuldete Frau ist von psychischen Erkrankungen betroffen (46 %). Unter unverschuldeten Frauen liegt die Wahrscheinlichkeit, an einer psychischen Erkrankung zu leiden, hingegen bei lediglich 15 %. Verschuldete Männer sind zu 35 % von psychischen Erkrankungen betroffen; unverschuldete Männer zu 8 %. (Rüger et al. 2010; Mental Health UK 2018).

## 1.2.4 Geldsorgen machen unproduktiv

Wir wissen nun, dass finanzielle Absicherung einer der Grundpfeiler unserer Lebensqualität und unserer Gesundheit ist. Sie ist zudem essenziell für die Qualität unserer Arbeit. Menschen, die weniger Geld zum Leben haben, neigen zu Verhaltensweisen, die ihrem eigenen Wohl schaden: Sie kommen öfter zu spät zu Terminen und arbeiten weniger produktiv. Zudem geben viele Arbeitnehmer an, dass private Geldsorgen sie bei der Arbeit ablenken. Dies geht Hand in Hand mit den psychischen Erkrankungen, die häufig mit Geldsorgen assoziiert sind. Nervosität, erhöhter Blutdruck und Schwitzen sind ebenso wie Müdigkeit und verminderter Antrieb Symptome von Geldsorgen. Diese Symptome sind nicht zuträglich für unsere Arbeit, sondern können zu einer Kündigung führen, wodurch wiederum die Abwärtsspirale verstärkt wird.

## 1.2.5 Geldsorgen sind ein Beziehungskiller

Ein unterschiedlicher Umgang mit Geld kann auf die Dauer zu einer echten Belastungsprobe für eine Beziehung werden. Dies wird deutlich, wenn es um die Ansprüche an eine Wohnung oder einen Urlaub geht; von großen Investitionen wie einem Immobilienkauf ganz zu schweigen. Dies kann sowohl an unterschiedlichen Gehältern liegen, als auch an einer unterschiedlichen Herangehensweise.

Ein Viertel aller Beziehungen nennt finanzielle Angelegenheiten als ein regelmäßiges Streitthema. Bei fast der Hälfte aller Scheidungen spielten finanzielle Auseinandersetzungen eine Rolle (Forsa 2017). Häufig sind es hierbei gar nicht die großen Unterschiede – Gehalt, Investitionen, Spielschulden – die zum Streitthema werden. Vielmehr ist es der Umgang im Alltag, weswegen

Streit aufkommt: Geben beide Partner das Geld für notwendige oder sinnvolle Dinge aus? Wissen beide, wofür das Geld ausgegeben wird? Und versucht ein Partner, dem anderen den Umgang mit Geld vorzuschreiben? Ein Drittel aller Beziehungen streitet sich über vermeintlich verzichtbare Geldausgaben, und ein Viertel aller Beziehungen gibt an, den Überblick über die Finanzen verloren zu haben (Abb. 1.1).

Für eine gesunde Beziehung, in der beide Partner auf Augenhöhe miteinander umgehen, ist ein gesunder und offener Umgang mit Finanzen eine wesentliche Grundlage. Gerade kleine Streitpunkte rund um die Finanzen lassen sich sehr gut vermeiden, wenn gegenseitiges Vertrauen vorhanden ist und wenn das Paar lernt, miteinander über Geld zu sprechen – bevor ein Problem entstanden ist.

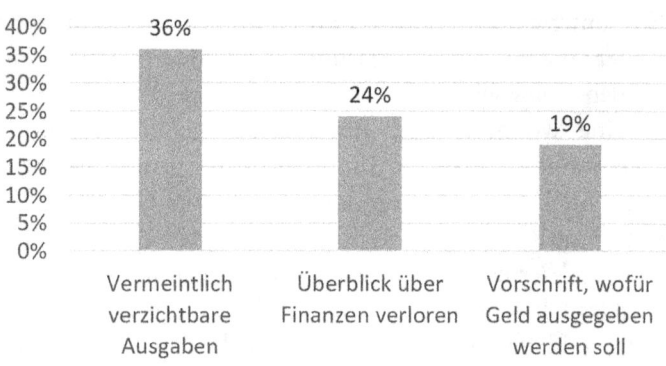

**Abb. 1.1** Gründe für Streit mit dem Partner/der Partnerin. (Quelle: Forsa 2017)

Neben dem Umgang mit Geld in einer Beziehung spielt Geld auch bei der Partnerwahl eine Rolle. Den meisten Menschen ist egal, ob ein potenzieller Partner Vermögen oder ein hohes Einkommen hat. Ein *gesichertes* Einkommen ist dagegen 54 % der Männer und 83 % der Frauen wichtig. (Forsa 2017) Die Frage „Geld oder Liebe?" lässt sich also eindeutig mit „Beides!" beantworten. Im Umkehrschluss ist es schwierig, Liebe zu finden, wenn das Geld komplett fehlt.

## 1.2.6 Geldsorgen schränken unsere Gehirnleistung ein

Menschen mit Geldsorgen treffen schlechtere Entscheidungen als Menschen ohne Geldsorgen. Wir haben nur eine begrenzte mentale Kapazität, um Entscheidungen zu treffen. Daher gibt es auch das Phänomen der Entscheidungsmüdigkeit. Geldsorgen nehmen einen Teil dieser mentalen Kapazität in Anspruch, was dazu führt, dass Menschen mit Geldsorgen schlechtere Entscheidungen treffen als Menschen ohne Geldsorgen. Hierbei ist wichtig zu betonen, dass es die Geldsorgen sind, die der Grund für die schlechten Entscheidungen sind; nicht das Umfeld der Menschen oder persönliche Charakteristika. In verschiedenen Studien wurden dieselben Menschen untersucht, einmal mit und einmal ohne Geldsorgen. Geldsorgen reduzierten messbar die Intelligenz dieser Menschen, und zwar um volle 13 Intelligenzquotient-Punkte (IQ-Punkte). Bei der in Deutschland verbreiteten Skala sind 100 IQ-Punkte der Normalfall. Ein IQ von 85 bedeutet, dass 86 % der Bevölkerung die Aufgaben besser lösen kann als die getestete Person. Die

Geldsorgen senken die Gehirnkapazität eines Menschen um 13 IQ-Punkte, also beinahe in diese Regionen. Armut macht demnach dumm; nicht umgekehrt (Mani et al. 2013).

### 1.2.7 Geldsorgen machen ziellos

Wer sich mit der Frage beschäftigen muss, wie sie das Brot für die nächsten Wochen verdient, hat keine Kapazitäten, um sich über langfristige Entscheidungen Gedanken zu machen. Die Gründe liegen hier ähnlich wie im vorherigen Punkt zu intelligenten Entscheidungen. Wenn wir von der Hand in den Mund leben müssen, ist es komplizierter, langfristige Pläne zu erstellen. Unser Gehirn ist damit beschäftigt, die dringenden, kurzfristigen Herausforderungen zu lösen. Daher bleiben weniger mentale Kapazitäten, um langfristig, kreativ oder vorausschauend zu planen und zu entscheiden.

## 1.3 Die erwartete Rentenentwicklung

Ein weiterer Grund, weshalb wir uns mit unseren Finanzen befassen sollten, ist die (zukünftige) Rentenerwartung. Nur weil unser Geld heute reicht, bedeutet das nicht, dass es auch in Zukunft reichen wird.

Die Altersvorsorge in Deutschland ist auf drei Säulen aufgebaut: Die gesetzliche Rente, die betriebliche Rente, und die private Vorsorge (Abb. 1.2).

Die Grundlage für unsere Altersvorsorge bildet die **gesetzliche Rente.** Das **Rentenniveau** wird in Prozent des durchschnittlichen **Brutto**-Einkommens gemessen (s. Infobox). So lässt sich erkennen, wie sich die Rente im

1 Warum wir uns um unsere Finanzen … 11

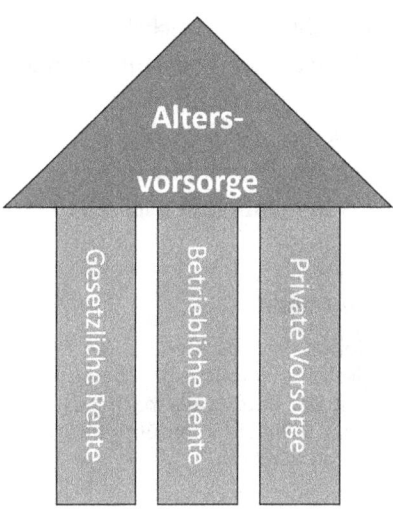

**Abb. 1.2** Altersvorsorge in Deutschland

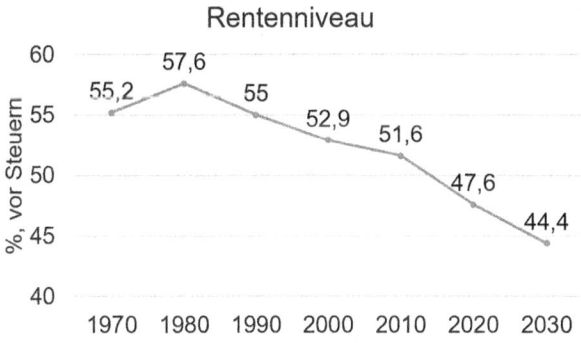

**Abb. 1.3** (Erwartetes) Rentenniveau. (Quelle: Statistisches Bundesamt 2017; Bundeszentrale für politische Bildung 2014; Institut Arbeit und Qualifikation der Universität Duisburg-Essen 2019)

Vergleich zu den Löhnen entwickelt. Das Rentenniveau ist in den letzten Jahrzehnten konstant gesunken. 1980 lag es noch bei fast 56 %, 2010 nur noch bei 52 %. Für 2030 liegt die Prognose bei 44 % (Abb. 1.3). Beunruhigend ist, dass es vonseiten der Politik bislang keine Aussagen darüber gibt, wie das Rentenniveau nach 2030 aussehen wird.

> **Brutto-/Netto-Gehalt**
>
> Das Brutto-Gehalt ist das Gehalt, den ein Arbeitgeber an seine Angestellte vor Abzug aller Abgaben zahlt. Das Netto-Gehalt ist der Betrag, der nach Abzug der Abgaben wie Steuern und Sozialabgaben übrigbleibt und auf unser Konto überwiesen wird.

> **Rentenniveau**
>
> Das Rentenniveau gibt an, wieviel Geld die durchschnittliche Rentnerin monatlich vom Staat auf ihr Konto überwiesen bekommt. Dieser Betrag wird prozentual am letzten Einkommen vor dem Renteneintritt berechnet.
> Beispiel: Eine Frau hat ein monatliches Brutto-Einkommen von 2000 €. Wenn diese Frau 2010 in Rente gegangen ist, bekommt sie etwa 1030 € monatliche Rente. Im Jahr 2030 wird eine Rentnerin bei demselben Durchschnittsgehalt etwa 890 € monatlich bekommen.

Um den Lebensstandard im Ruhestand halten zu können, sollten etwa 75 % bis 80 % des letzten Netto-Einkommens vor der Rente zur Verfügung stehen. Einige Kosten sinken tendenziell (wie z. B. die Ausgaben für Kinder oder Vorsorge; die Wohnfläche wird verkleinert), aber andere Kosten bleiben gleich oder erhöhen sich (insbesondere die Ausgaben für Pflege und ärztliche Leistungen). Lag das letzte Gehalt vor dem Ruhestand beispielsweise bei 2500 €, sollte das verfügbare monatliche Vermögen etwa 1500 € betragen. Dieses Vermögen setzt sich normalerweise aus drei Komponenten zusammen:

1. Gesetzliche Rente
2. Betriebliche Rente
3. Private Vorsorge

**Gesetzliche Rente**

- In die gesetzliche Rente zahlen Sie automatisch ein, wenn Sie sozialversicherungspflichtig angestellt sind. Manche Berufsgruppen wie Ärztinnen oder Rechtsanwältinnen können sich von der Versicherungspflicht befreien lassen.
- In manchen Berufsgruppen als Selbstständige sind Sie verpflichtend rentenversichert. Andere Freiberuflerinnen können sich freiwillig gesetzlich rentenversichern.
- Auch für Kindererziehungszeiten oder die Pflege von Angehörigen werden Rentenpunkte angerechnet.
- Traurig, aber wahr: Die durchschnittliche gesetzliche Rente von Frauen in Deutschland lag 2018 bei etwa 720 € monatlich (Bundesministerium für Arbeit und Soziales 2018).
- Über die Details Ihrer gesetzlichen Rente sowie die verschiedenen Möglichkeiten, beitragsfreie Zeiten anzurechnen, können Sie sich auf der Homepage der Deutschen Rentenversicherung[1] informieren.

---

[1] https://www.deutsche-rentenversicherung.de/Allgemein/de/Navigation/1_Lebenslagen/04_Mitten_im_Leben/01_Rente_und_vorsorge/01_Was_fuer_die_Rente_zaehlt/Was_fuer_die_Rente_zaehlt_node.html#doc233220bodyText2

**Betriebliche Rente**

- Die betriebliche Rente richtet sich insbesondere an Arbeitnehmerinnen. Dabei entscheidet die Arbeitgeberin, was sie anbieten will.
- Ob sich die betriebliche Rente lohnt, hängt von dem Angebot des Unternehmens und Ihren beruflichen Plänen ab. Wenn Sie beispielsweise bereits wissen, dass Sie nur eine kurze Zeit (weniger als drei Jahre) in dem Unternehmen bleiben werden, sollten Sie überprüfen, ob die betriebliche Vorsorge übertragbar ist und die Wahrscheinlichkeit besteht, dass Ihr nächster Arbeitgeber oder Arbeitgeberin dasselbe Angebot hat.
- Der Nachteil der betrieblichen Rente: Wenn Sie nicht sozialversicherungspflichtig angestellt sind, zahlen Sie auch nicht in die betriebliche Rente ein.

**Private Vorsorge**

- Hierzu zählen alle Vorsorge-Optionen, die Sie für sich selbst abschließen oder in die Sie investieren. Dies kann eine private Versicherung sein ebenso wie Immobilien, Aktien oder Anleihen.
- Wie bereits erwähnt: Wenn Sie sich informieren möchten, sollten Sie idealerweise eine Honorarberaterin aufsuchen (Abschn. 8.1).
- Dabei ist es wichtig eine gute Kombination aus Sicherheit, Flexibilität und Gewinn zu finden!

Das durchschnittlich verfügbare Einkommen im Rentenalter beträgt in Deutschland 2232 € für Männer. Für Frauen liegt der Betrag bei lediglich 1194 €, also 47 %

**Tab. 1.1** Durchschnittliches monatliches verfügbares Einkommen im Rentenalter (2016) (Statistisches Bundesamt 2018)

|  | Männer (€) | Frauen (€) |
|---|---|---|
| Gesetzliche Rente | 1154 | 643 |
| Betriebliche Rente | 593 | 240 |
| Private Vorsorge | 485 | 311 |
| **Monatliches verfügbares Einkommen (gesamt)** | **2232** | **1194** |

darunter (s. Tab. 1.1). (Statistisches Bundesamt 2018) Für beide Gruppen werden zudem die Durchschnittswerte von einigen Gutverdienern (und somit Bezieher hoher Renten) nach oben verzerrt. Die meisten Menschen bekommen also eine Rente, die deutlich unter diesem Niveau liegt, wogegen nur wenige Gutverdiener eine höhere Rente bekommen.

Es gibt verschiedene Rentenrechner, um Ihre erwartete Rente, das gewünschte Einkommen im Ruhestand und die daraus resultierende **Rentenlücke** zu berechnen.

### Rentenlücke

Die Rentenlücke zeigt die Lücke auf zwischen der Rente, die Sie bekommen, und Ihrem finanziellen Bedarf. Beispiel: Sie erhalten die durchschnittliche Rente, wie sie in Tab. 1.1 aufgeführt ist. Die regelmäßigen Zahlungen, die Sie bekommen, belaufen sich also auf 883 € monatlich (berechnet aus gesetzlicher und betrieblicher Rente). Sie hätten aber gerne 1500 €, um in Ihrer Wohnung bleiben und sich ihren erwünschten Lebensstandard finanzieren zu können. Dann beträgt Ihre Rentenlücke 617 € monatlich (1500 € − 883 € = 617 €). Sie sollten also privat so vorsorgen, dass Sie sich ab dem Renteneintritt bis an Ihr Lebensende monatlich 617 € auszahlen können.

## Übersicht

Leicht zu bedienende Rentenrechner finden Sie hier:

- Stiftung Warentest: https://www.test.de/Rentenrechner-So-viel-Geld-brauchen-Sie-extra-1587881-0/
- Deutsches Institut für Altersvorsorge: https://www.ihre-rentenluecke.de/#start
- Süddeutsche Zeitung: https://www.sueddeutsche.de/tools/rentenrechner

Zudem können Sie sich bei der Deutschen Rentenversicherung[2] über Ihre **Rentenanwartschaft** informieren lassen. Hierfür gibt es viele verschiedene, auch kostenlose Formate.

## Rentenanwartschaft

Die Rentenanwartschaft zeigt auf, welche monatlichen Zahlungen Sie bekommen würden, wenn Sie heute aufhören würden zu arbeiten, oder wenn Sie bis zum Renteneintrittsalter wie bisher arbeiten. Diese Zahlen werden zudem an die Inflation angepasst.

Problematisch ist, dass diese Zahlen lediglich den Durchschnitt aufzeigen. Beispiel: Wenn Sie bisher in den top 25 % der Verdienerinnen in Deutschland lagen, wird dies als Berechnungsgrundlage genommen und die Rentenanwartschaft zeigt auf, was die top 25 % der Rentnerinnen erhalten. Dies ist aber ein Durchschnittswert für alle Menschen in Deutschland. Insbesondere junge Frauen, die noch keine Kinder haben, diese aber planen, werden so in einer falschen Sicherheit gewiegt: Die großen Karriereeinbußen entstehen durch Kinder (Abschn. 2.1.2). Es ist also wahrscheinlich, dass die tatsächliche Rente später niedriger ausfallen wird als das, was der Bescheid errechnet.

---

[2]https://www.deutsche-rentenversicherung.de/Allgemein/de/Navigation/5_Services/Services_node.html

Diese Zahlen zeigen, dass wir uns nicht auf die gesetzliche und betriebliche Rente verlassen dürfen. Es ist unabdingbar, dass wir unsere Finanzen in die eigenen Hände nehmen und unsere private Vorsorge aufstocken.

# 2

# Frauen und Geld – und warum wir unsere Finanzen anders angehen (müssen)

**Zusammenfassung** Es gibt Unterschiede zwischen Männern und Frauen, die sich bis in unsere Finanzen erstrecken. Einerseits sind dies Unterschiede in unseren Lebensrealitäten, wegen denen wir eine unterschiedliche Finanzplanung brauchen. Andererseits sind dies auch Unterschiede in der Herangehensweise an das Thema, weshalb wir einen anderen Zugang zu dem Thema benötigen. Diese Unterschiede und ihre Auswirkungen werden in diesem Kapitel beleuchtet.

Auf den ersten Blick mag es schwer zu verstehen sein, warum ein Buch zur privaten Geldanlage sich besonders mit der Situation eines bestimmten Geschlechts – in diesem Fall Frauen[1] – befasst. Schließlich funktionieren die

---

[1] In dieser Kategorisierung sind alle Menschen, die sich als Frau identifizieren, eingeschlossen. Alle Menschen, unabhängig von jeglichen Faktoren, sind eingeladen, dieses Buch zu lesen.

Mechanismen des Finanzsektors für alle Menschen gleich, unabhängig von Geschlecht, Hautfarbe oder Lieblingsessen. Und in Deutschland ist finanzielle Allgemeinbildung bei fast allen Menschen unzureichend vorhanden. Zu dieser finanziellen Allgemeinbildung und Finanzkompetenz zählt insbesondere, dass Privathaushalte (im Gegensatz zum öffentlichen Haushalt; gemeint sind Menschen wie Sie und ich) in der Lage sind, ihre Finanzen eigenständig zu planen und zu verwalten. Sie sollten den Umgang mit Finanzdienstleistungen bei Bank- und Versicherungsgeschäften beherrschen und die eigene Finanzplanung selbstständig durchführen können. Die Organisation für wirtschaftliche Zusammenarbeit und Entwicklung (Organisation for Economic Co-Operation and Development, OECD) definiert Finanzwissen als „eine Kombination aus Bewusstsein, Wissen, Fähigkeit, Einstellung und Verhalten, um vernünftige finanzielle Entscheidungen zu treffen und individuelles finanzielles Wohlergehen zu erreichen" (OECD 2017, S. 13). Laut OECD kann finanzielle Bildung einen „zentralen Einfluss auf das Leben von Menschen haben, auf ihre Möglichkeiten, ihren Erfolg. Sie ist eine Grundlage für Wohlstand, soziale Mobilität, integratives Wachstum[2]" (OECD 2017, S. 7). Diese finanzielle Allgemeinbildung ist jedoch bei Frauen weniger verbreitet als bei Männern. In Deutschland verfügen lediglich 49 % der Frauen über ein Mindestmaß an Finanzwissen; bei Männern sind es immerhin 72 %. (OECD 2017) Frauen haben also einen höheren Bedarf an finanzieller Bildung, doch auch bei Männern besteht dieser Bedarf. Es wäre also logisch, dieses Buch voller Finanzwissen nicht für Frauen zu schreiben, sondern einfach für alle Menschen. Es gibt jedoch zwei Gründe, die für eine geschlechterspezifische Herangehensweise an

---

[2]Unter „integrativem Wachstum" versteht die OECD ein „Wirtschaftswachstum, das gerecht in der Gesellschaft verteilt ist und Möglichkeiten für alle erschafft" (OECD 2019).

das Thema Finanzen sprechen: Unterschiedliche Lebensrealitäten und unterschiedliche Herangehensweisen. Diese Unterschiede und ihre Auswirkungen werden in diesem Kapitel beleuchtet.

## 2.1 Unterschiedliche Lebensrealitäten zwischen Frauen und Männern

Der Hauptgrund, weshalb Frauen anders vorsorgen müssen als Männer, liegt in den unterschiedlichen Lebensrealitäten. Diese führen dazu, dass die Notwendigkeit, privat vorzusorgen, bei Frauen ungleich größer ist.

### 2.1.1 Durchschnittsgehalt

Das durchschnittliche Gehalt von Frauen und Männern in Deutschland unterscheidet sich deutlich. Hierbei sind verschiedene Aspekte zu beachten: Erwerbstätigkeit[3] in Vollzeit oder Teilzeit, unterschiedliche Durchschnittsgehälter in unterschiedlichen Sektoren sowie unterschiedlicher Lohn bei gleicher oder gleichwertiger Arbeit.

Im Durchschnitt erhalten Frauen in Deutschland 21 % weniger Gehalt als Männer (Fair Pay Innovation Lab 2019). Diese geschlechterspezifische Lohnlücke (auch bekannt als Gender Wage Gap) betrachtet den durchschnittlichen Stundenlohn aller berufstätigen Männer und Frauen in Deutschland. Die Zahl ist seit Jahren unverändert, und somit bleibt auch das Datum des Equal Pay

---

[3]Frauen sind häufiger in Teilzeit erwerbstätig, was nicht bedeutet, dass sie weniger arbeiten. Leider sind große Teile der Arbeit, die Frauen verrichten, unbezahlt: Kindererziehung, Haushalt, Ehrenamt. Daher wird in diesem Buch von Erwerbstätigkeit gesprochen, da nur diese unsere finanzielle Situation positiv beeinflusst.

Day unverändert. Der Equal Pay Day liegt seit Jahren auf dem 18. März eines Jahres und misst den symbolischen Zeitpunkt, bis zu dem Frauen unentgeltlich arbeiten. Rechnet man die geschlechterspezifische Lohnlücke aufs Jahr um, arbeiten wir Frauen also im Durchschnitt zweieinhalb Monate ohne Gehalt.

Diese **unbereinigte** Lohnlücke – der ganze Unterschied in der Bezahlung zwischen Männern und Frauen – beachtet nicht, dass verschiedene Sektoren und Berufsgruppen unterschiedlich gut bezahlen. Typische „Frauenberufe" (insbesondere Erziehung und Pflege) haben ein deutlich niedrigeres Durchschnittsgehalt als typische „Männerberufe" wie Ingenieursberufe oder Finanzen. Hinzu kommt, dass Frauen seltener in Führungspositionen beschäftigt sind. Rechnet man diese Faktoren ein und betrachtet lediglich gleiche oder gleichwertige Jobs, beträgt die **bereinigte** geschlechterspezifische Lohnlücke nur noch 6 % (Tagesschau 2019). Auch 6 %, obwohl weniger als die unbereinigte Lohnlücke von 21 %, sind jedoch zu viel! Es bleibt zu hoffen, dass sich diese Zahlen in der Zukunft schneller ändern, als sie es in der Vergangenheit getan haben. Seit 2008 ist die unbereinigte Lohnlücke nur um 2 Prozentpunkte geschrumpft (Fair Pay Innovation Lab 2019).

## 2.1.2 Eltern- und Pflegezeit

In den meisten Fällen sind es die Frauen, die nach einer Geburt länger Elternzeit nehmen: Die durchschnittliche beantragte Dauer der Elternzeit von Müttern beträgt 11,7 Monate, die von Vätern lediglich drei. (Statistisches Bundesamt 2019c) Trotz Mütterrente und anderer Möglichkeiten hat bereits dieses erste Jahr häufig negative

Auswirkungen auf die zukünftigen Rentenzahlungen. Hinzukommt, dass Kinder für eine Mutter ein *Karrierehemmnis* sind, für einen Vater dagegen ein *Karrierebooster* (Barth et al. 2017). Dies liegt vornehmlich am Bestätigungsfehler. Der Bestätigungsfehler ist „die Tendenz, nur solche Informationen zu beachten, die im Einklang mit bereits gefällten Entscheidungen oder mit gewonnenen Überzeugungen stehen, und Informationen zu ignorieren, die dem bereits gefassten Urteil widersprechen könnten." (Mietzel, Wege in die Psychologie 2005, S. 329) Es heißt also, dass wir hauptsächlich das bestätigen, was wir bereits als wahr annehmen; uns vom Gegenteil zu überzeugen, ist sehr schwierig. Dieser Bestätigungsfehler kann dazu führen, dass Mütter als unzuverlässig und abgelenkt wahrgenommen werden, obwohl sie es gar nicht sind. Das Beispiel von Anna und Mark am Ende dieses Kapitels verdeutlicht diese mögliche verzerrte Wahrnehmung eines Arbeitgebers. Hinzu kommt, dass wir andere Menschen häufig *entweder* als nett, *oder* als kompetent wahrnehmen. Diese beiden Dimensionen schließen sich gegenseitig zu weiten Teilen aus (Fiske et al. 2002). Von Frauen, insbesondere von Müttern, wird erwartet, dass sie nett sind und sich um die Familie kümmern – bei Männern wird weniger Wert auf Nettigkeit, sondern dafür mehr Wert auf Kompetenz gelegt. Im Umkehrschluss heißt das, dass Mütter in unserer Wahrnehmung nicht kompetent sein können, da sie ja nett sind. Dies erhöht die Hürden für eine junge Mutter, Karriere zu machen.

Neben der Erziehung von Kindern liegt auch die Pflege von Angehörigen häufig bei Frauen. Zu etwa 80 % übernehmen Frauen die Pflege ihrer chronisch kranken Kinder, Eltern oder der Eltern ihres Partners. Die körperlichen, geistigen und finanziellen Belastungen tragen dementsprechend auch zum Großteil die Frauen (Simon 2010).

## 2.1.3 Teilzeit

In Deutschland ist Teilzeit unter Frauen deutlich weiter verbreitet als unter Männern: 2018 waren knapp 11 % der Männer in Teilzeit erwerbstätig. Bei den Frauen waren es dagegen beinahe 50 %. Interessant ist, wie sich diese Zahlen verändert haben: 2008 waren „nur" 35 % der Frauen in Teilzeit erwerbstätig, im Vergleich zu 6 % der Männer. Betrachtet man die absoluten Zahlen, fällt auf, dass der Zuwachs der sozialversicherungspflichtig angestellten Frauen in Höhe von 2,7 Mio. seit 2008 allein in Teilzeit stattgefunden hat (vgl. Abb. 2.1). Bei den Männern sind seit 2008 1,6 Mio. sozialversicherungspflichtig Beschäftigte in Vollzeit und 1 Mio. Beschäftigte in Teilzeit hinzugekommen (Bundesagentur für Arbeit 2019). Betrachtet man lediglich Mütter und Väter, deren Kinder bei Ihnen im Haushalt wohnen und noch nicht volljährig sind, ist das Bild noch deutlicher: Sobald Kinder

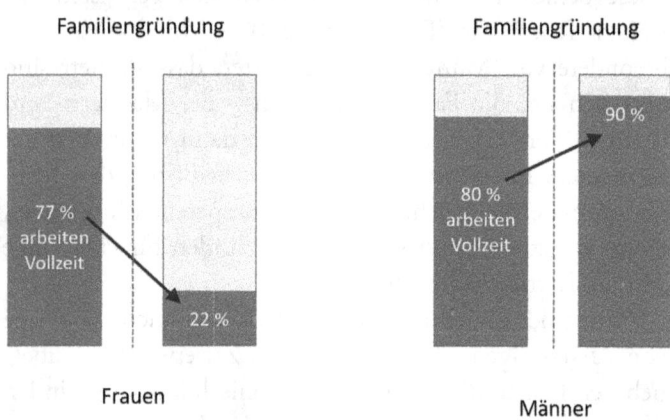

**Abb. 2.1** Auswirkung von Familiengründung auf die Teilzeit-Erwerbstätigkeit von Frauen und Männern. (Quelle: Bundesagentur für Arbeit 2019)

ins Leben treten, sind die Mütter in Teilzeit, die Väter dagegen in Vollzeit erwerbstätig – sogar noch mehr als Männer ohne Kinder. Die traditionelle Rollenverteilung des Vaters als Ernährer und der Mutter, die sich um Familie und Haushalt kümmert, scheint also nach wie vor das verbreitete Lebensmodell zu sein.

Diese Erwerbstätigkeit in Teilzeit sowie die häufig längere Elternzeit wirken sich auf das direkte Einkommen aus, zumal sie ja die Lohnlücke multipliziert: Eine Frau erhält 21 % weniger Gehalt *pro Stunde;* zudem sind wir weniger Stunden pro Woche erwerbstätig. Der Einkommensverlust, den Mütter ab dem Zeitpunkt der Geburt ihres ersten Kindes im Vergleich zu Vätern erleiden, beträgt in Deutschland 61 %. Den Großteil davon macht die Erwerbstätigkeit in Teilzeit oder die längere Elternzeit direkt nach der Geburt des Kindes aus. Diese Lücke können Mütter jedoch selbst innerhalb von 10 Jahren nicht aufholen: Der Vorsprung, den die Männer – die Väter – in diesen entscheidenden Jahren durch Beförderungen erarbeiten, ist zu groß (Kleven et al. 2019).

61 % weniger Gehalt bedeutet zum einen, dass Frauen weniger verfügbares Einkommen im Alltag haben. In Österreich summiert sich der Unterschied des Gehalts zwischen Männern und Frauen über die Lebenszeit auf beinahe eine halbe Million Euro (Tagesschau 2019). In Deutschland dürften die Zahlen ähnlich, wenn nicht sogar noch höher sein. Dafür kann man sich eine schöne Eigentumswohnung kaufen! Konkret haben trotz quasi identischer Ausbildungsniveaus nur 10 % der Frauen zwischen 30 und 50 ein eigenes Nettoeinkommen von 2000 € monatlich oder mehr – bei Männern sind es rund 42 % (BMFSFJ 2019).

Neben dem direkten verfügbaren Einkommen hat die Teilzeit-Erwerbstätigkeit aber auch gravierende

Auswirkungen auf die Rente. Volle Rentenansprüche bekommt in Deutschland nur, wer mindestens das jährliche Durchschnittseinkommen (zurzeit ca. 37.000 € brutto) verdient. Wer weniger bekommt, bekommt auch nur anteilige Rentenpunkte angerechnet. Für Erziehungs- oder Pflegezeiten kann man sich einige Rentenansprüche sichern, jedoch nur für einen begrenzten Zeitraum. Anschließend bedeutet Erwerbstätigkeit in Teilzeit nicht nur ein geringeres Einkommen im Alltag, sondern auch entsprechend niedrigere Rentenansprüche (Arbeitsvertrag. org 2017).

Die Deutsche Rentenversicherung[4] stellt übersichtliche Informationen über ihre Leistungen zur Verfügung. Hier können Sie sich unter anderem aufzeigen lassen, wie sich Teilzeit-Erwerbstätigkeit auf Ihre Rente auswirkt und welche Möglichkeiten Sie haben, um sich Erziehungs- und Pflegezeiten anrechnen zu lassen.

## 2.1.4 Lebenserwartung

Heute in Deutschland geborene Frauen werden durchschnittlich 83,2 Jahre alt. Männer werden hierzulande hingegen im Schnitt 78,4 Jahre alt (Statistisches Bundesamt 2019). Der Unterschied beträgt also knapp fünf Jahre. Bei einer Lebenserwartung von ca. 80 Jahren klingt das nach relativ wenig. Dennoch hat diese höhere Lebenserwartung für Frauen einige Auswirkungen, die wir bei unserer Finanzplanung beachten sollten:

---

[4]https://www.deutsche-rentenversicherung.de/Allgemein/de/Navigation/1_Lebenslagen/03_Familie_und_Kinder/01_Informationen_zur_Rente/04_Ansprueche_sichern_Rente_erhoehen/Ansprueche_sichern_Rente_erhoehen_node.html

## 2.1.4.1 Einsamer Lebensabend

Es klingt hart, aber statistisch gesehen werden Frauen die letzten Jahre ihres Lebens ohne Partner verbringen. Zu den fünf Jahren Unterschied in der Lebenserwartung kommt hinzu, dass in Beziehungen häufig der Mann älter ist als die Frau, und zwar durchschnittlich 2,5 Jahre (Statistisches Bundesamt 2019). Rein statistisch werden Sie also die letzten 7,5 Jahre Ihres Lebens alleine für sich verantwortlich sein – und damit auch für Ihre Finanzen. Alles abzugeben ist also keine gute Idee.

## 2.1.4.2 Höhe der privaten Vorsorge

Auf die gesetzliche Rente alleine sollte sich niemand verlassen, schon gar nicht Frauen. Bereits jetzt beträgt die durchschnittliche Rente von Frauen etwa 880 € monatlich (Abschn. 1.3). Und die Prognosen sind düster oder gar nicht vorhanden. Sicher ist lediglich, dass wir alle privat vorsorgen müssen, wenn wir im Rentenalter nicht auf **Grundsicherungsniveau** leben möchten.

> **Grundsicherungsniveau**
>
> Die Grundsicherung bekommt man in Deutschland, wenn das eigene Einkommen nicht ausreicht, um die grundlegenden Bedürfnisse zu decken. Die Grundsicherung stockt auch die Rente auf, wenn diese nicht ausreicht. Momentan greift die Grundsicherung tendenziell, wenn Ihr Einkommen unter 865 € pro Monat liegt. Hinzugerechnet wird auch das Einkommen einer Partnerin sowie Vermögen (Deutsche Rentenversicherung 2019).

Die **Rentenlücke** misst die Lücke zwischen der Rente, die Sie voraussichtlich von der Deutschen Rentenversicherung bekommen werden und dem finanziellen Bedarf, den Sie haben, um im Rentenalter Ihren gewünschten Lebensstandard finanzieren zu können. Diese Rentenlücke können Sie unkompliziert online berechnen.[5] Zudem können Sie einen Beratungstermin bei der Deutschen Rentenversicherung[6] ausmachen, um Ihren Rentenbescheid zu verstehen und Ihre Rentenerwartungen zu bestimmen.

In viele dieser Berechnungstools können Sie neben der gesetzlichen und betrieblichen Rente auch Ihre private Vorsorge eintragen. Diese private Vorsorge sollte bei Frauen aufgrund der höheren Lebenserwartung entsprechend höher sein. Nehmen wir als Beispiel, dass Sie Ihre Rente monatlich um 500 € privat aufbessern möchten. Sie möchten also genug Vermögen aufbauen, um sich selbst jeden Monat 500 € zahlen zu können. Betrachten wir nur den Unterschied in der Lebenserwartung, also fünf Jahre. 500 € monatlich entsprechen 6000 € pro Jahr (500 € × 12 Monate). Über fünf Jahre sind es also 30.000 €. Eine Frau sollte also 30.000 € **mehr** Vermögen besitzen als ein Mann, um denselben Lebensstandard finanzieren zu können. Dieses mehr an Vermögen muss sie dabei mit einem durchschnittlich niedrigeren Gehalt erwirtschaften. In der Versicherungsbranche wird daher vom „Langlebigkeitsrisiko" gesprochen – der Gefahr, zu alt zu werden und nicht mit dem Ersparten auszukommen. Dieses Risiko ist bei Frauen höher als bei Männern.

---

[5]https://www.dia-vorsorge.de/dia-tools/; https://www.finanzrechner.org/sonstige-rechner/rentenluecke-berechnen/;

[6]https://www.deutsche-rentenversicherung.de/Allgemein/de/Navigation/0_Home/home_node.html

## 2.1.4.3 Investitionsverhalten

Auch das Investitionsverhalten verändert sich durch die höhere Lebenserwartung. Für die meisten Anlageklassen gibt es einen (Mindest-)Zeitraum, in dem das investierte Geld nicht benutzt werden sollte. Während dieser Zeit sollte die Geldanlage nicht aufgelöst werden. Details zu den verschiedenen Anlageklassen und ihren **Investitionshorizonten** finden Sie in Kap. 4.

> **Investitionshorizont**
> Unter Investitionshorizont verstehen wir den Zeitraum, den Sie idealerweise für eine Investition einplanen. Wenn der geplante Zeitraum länger ist als der für eine Anlageklasse empfohlene Investitionshorizont, entgeht Ihnen möglicherweise ein Gewinn, den Sie mit einer anderen Anlageklasse realisieren könnten. Wenn Ihr Zeitraum kürzer ist, erhöhen Sie die Wahrscheinlichkeit, dass Sie die Gewinne nicht erzielen, die dieser Investitionsklasse zugesprochen werden.

Frauen haben aufgrund der höheren Lebenserwartung einen längeren Investitionshorizont. Diese Lebenserwartung sollte in der Finanzplanung beachtet werden. Als Frau haben Sie auch in höherem Alter noch mehr Optionen, wie Sie investieren. Zudem hat Ihr Vermögen länger Zeit, zu wachsen – dank Zinseszins ein nicht zu unterschätzender Effekt! Wenn Sie z. B. 5000 € bei 5 % jährlichen Zinsen investieren, haben sich diese 5000 € nach 30 Jahren auf 21.610 € vermehrt. Nach 35 Jahren ist derselbe Betrag auf 27.580 € gewachsen! Einfach dadurch, dass Sie fünf Jahre länger Geduld hatten. Daher ist es so entscheidend, früh anzufangen. Ein klarer Fall von „Zeit ist Geld" – und wir Frauen haben fünf Jahre mehr Zeit!

## 2.2 Unterschiedliche Herangehensweisen zwischen Frauen und Männern

Neben den unterschiedlichen Lebensrealitäten gibt es auch Unterschiede in der Herangehensweise, sowohl an das Thema Finanzen, als auch an Entscheidungsprozesse allgemein. Diese Unterschiede werden im Folgenden beleuchtet.

### 2.2.1 Frauen und MINT-Fächer

Bereits in der Schule sind Mädchen in MINT-Fächern (Mathematik, Informatik, Naturwissenschaften, Technik) zurückhaltender als in anderen Fächern, sie melden sich also weniger und stellen weniger Fragen. Dieses Phänomen ist allerdings nur erkennbar, wenn Jungs in der Klasse sind. Bei Jungs tritt ein ähnliches Verhalten im sprachlichen Bereich auf. Häufig verankern sich bei Frauen aus dieser frühen Zeit Glaubenssätze wie „Mathe ist nichts für Mädchen", „Ich kann einfach nicht mit Zahlen umgehen" oder „Finanzen ist Männersache". Diese Glaubenssätze erstrecken sich bis in unser Finanzverhalten im Erwachsenenalter: Männer dominieren, Frauen halten sich zurück.

Zudem ist der Finanzsektor stark männlich dominiert. Es arbeiten zwar ungefähr genauso viele Frauen wie Männer im Finanzsektor, doch die Positionen mit Verantwortung – hierzu zählt auch die Vermögensberatung – sind deutlich häufiger von Männern besetzt. Es gibt in Deutschland keine andere Branche, in der es für Frauen so unwahrscheinlich ist, in die oberen Führungsetagen aufzusteigen, wie im Finanzsektor (Deutsches Institut für Wirtschaftsforschung 2018).

Diese männliche Dominanz führt dazu, dass Frauen keine finanziellen Vorbilder haben. Zudem fühlen Sie sich vom Thema Finanzen eingeschüchtert und geben die Verantwortung lieber ab – an den Partner oder den (meistens männlichen) Finanzberater.

### 2.2.2 Frauen und Empfehlungen

Frauen möchten gerne die Meinung von anderen Menschen, insbesondere anderen Frauen hören, bevor sie eine Entscheidung treffen. Der Klassiker ist: „Ich bin neu in der Stadt, kannst du mir einen guten Arzt empfehlen?"

Beim Thema Finanzen begegnen uns hier gleich zwei Probleme: Erstens gibt es kaum Frauen im Finanzsektor, die uns beraten könnten, da dort ja hauptsächlich Männer arbeiten.

Zudem reden wir in unserer Kultur eher selten über Geld. „Über Geld spricht man nicht", lautet ein deutsches Sprichwort. Solange wir mit unseren Freundinnen oder unserem Umfeld nicht über Geld reden, kann uns natürlich niemand etwas empfehlen. Hinzu kommt, dass auch unsere Freundinnen im Zweifelsfall wenig Finanzwissen haben.

### 2.2.3 Frauen und Risiko

Das Klischee sagt gerne, Frauen seien zu ängstlich und risikoscheu. Tatsächlich trifft das nicht zu. Risikofreudigkeit ist eine Charakterfrage, die keine Geschlechterdynamik in sich hat. Es gibt jedoch eine Einkommensdynamik: Menschen mit niedrigem Vermögen sind risikoscheu, da sie es sich nicht leisten können, dieses wenige Geld zu verlieren. Diese Kategorie trifft häufiger auf Frauen zu als auf Männer. Ab einer gewissen

Einkommens- oder Vermögensstufe ist Risikofreudigkeit jedoch nur noch eine Persönlichkeitsfrage. Allerdings ist es so, dass Frauen risiko*bewusst* sind (nicht risikoscheu!). Das heißt, dass Frauen das Risiko verstehen wollen. Sie wissen, dass Geldanlage mit einem gewissen Risiko verbunden ist, und wollen dieses einschätzen können. Da der männliche Finanzberater häufig nur die Menge an Informationen ausgibt, die für die männliche Kundschaft ausreichend sind, fehlen den Frauen häufig noch für sie relevante Informationen. Es existiert eine Informations-Lücke zwischen dem männlichen Berater und seiner weiblichen Kundin.

Diese Problematik führt häufig dazu, dass Frauen länger nachdenken, bevor sie eine Entscheidung treffen. Dadurch scheint es, als seien sie zögerlich oder ängstlich. Letztendlich führt diese Eigenschaft jedoch dazu, dass Frauen sehr gute, möglicherweise sogar die besseren Investoren sind (Manager Magazin 2014). Sie entwickeln in Ruhe eine Strategie und bleiben dieser treu. Männer hingegen kaufen und verkaufen häufiger, was jedes Mal Kosten verursacht. Gleichzeitig führt das aber auch dazu, dass Frauen länger brauchen, bis sie eine Entscheidung treffen. Und das kann entweder verlorene Zinseszinsen und somit weniger Gewinn auf ihre Investitionen bedeuten, einfach weil sie später anfangen. Es führt aber leider auch dazu, dass Frauen häufiger gar kein Geld anlegen.

### 2.2.4 Frauen und Nachhaltigkeit

Frauen wollen sich wohl fühlen mit ihren Finanzen. Sie wollen eine Strategie entwickeln, die zu ihnen passt, sie wollen verstehen, was sie tun, und sie wollen keine „schmutzigen" Geschäfte finanzieren. Das Thema Nachhaltigkeit kommt in fast jeder Unterhaltung unter Frauen zum Thema Finanzen auf: Wie kann ich es vermeiden, in

Rüstungsindustrie zu investieren? Gibt es Möglichkeiten, gezielt in nachhaltige Unternehmen zu finanzieren?

Diese Ziele sind löblich und realisierbar. Sie verleihen dem Thema jedoch eine zusätzliche Komplexität, die es für Frauen nochmal schwieriger macht, sich des Themas anzunehmen.

## 2.3 Das Resultat: Unterschiede in Rente und Vermögen

Diese Unterschiede in den Lebensrealitäten und in der Herangehensweise an das Thema Finanzen haben Auswirkungen auf das Einkommen, das Vermögen und die Rentenansprüche. (Gefühlte) Unsicherheit in einem Thema führt häufig dazu, dass wir dieses Thema von uns weisen und uns lieber gar nicht damit befassen. Bei den Finanzen heißt das, dass wir uns lieber gar nicht mit dem Thema auseinandersetzen, weil wir Angst vor der (möglicherweise schmerzhaften) Wahrheit haben. Für Frauen sind die Auswirkungen des Nichtstuns leider ungleich gravierender als für Männer.

Häufig ist es in Deutschland sogar finanziell sinnvoll, dass einer der Partner – meistens der besserverdienende – sich auf die Karriere konzentriert, und der andere Partner sich um die Familie kümmert und dem voll erwerbstätigen Partner den Rücken freihält. Nehmen wir als Beispiel Anna und Mark, zwei Durchschnittsmenschen. Im Durchschnitt wird Anna „irgendetwas Soziales" lernen, Mark „irgendetwas mit Zahlen". Damit ist Marks Gehalt durchschnittlich ca. 21 % höher als Annas. Mark ist zudem im Schnitt 2,5 Jahre älter als Anna (Statistisches Bundesamt 2019). Nehmen wir an, die beiden möchten Kinder bekommen. Zu diesem Zeitpunkt ist Mark bereits eine Hierarchiestufe weiter als Anna; sein Gehalt ist also nochmal höher als ihres. Damit ist es nur logisch, dass Anna sich insbesondere im ersten Jahr um das Kind kümmert und Mark das Geld nach Hause bringt. Außerdem sieht Marks Arbeitgeber es gar nicht gerne, dass ein Mann in Elternzeit geht, wohingegen Annas Arbeitgeber es erwartet und ihr daher keine zusätzlichen Steine in den Weg legt. Zudem würde Anna, wenn sie nach weniger als neun Monaten Elternzeit wieder ihrem Job nachgeht, als unsympathische Karrierefrau wahrgenommen, die es aus diesem Grund im Job schwer hätte.

Spätestens beim zweiten oder dritten Kind ist es auch nur (vermeintlich) sinnvoll, dass Anna in Teilzeit erwerbstätig ist, denn im Zweifelsfall kostet die Kinderbetreuung mehr als ihr Gehalt. Zudem führt das Ehegattensplitting dazu, dass eine höhere Stundenanzahl der Erwerbstätigkeit von Anna kaum mehr Netto-Gehalt einbringt, da sie (und somit beide Partner) dann einen höheren Steuersatz zahlen müsste.

Wenn Anna und Mark nun bis an ihr Lebensende verheiratet bleiben und sich gemeinsam zur Ruhe setzen, kann dieses Modell sehr sinnvoll sein. Leider kommt das Leben häufig mit einem Drama einher. Dieses Drama kann die Form einer Scheidung haben (die Scheidungsquote in Deutschland lag 2016 bei etwa 40 % und damit auf dem tiefsten Stand dieses Jahrtausends (Scheidung. org 2019)), oder auch eines Jobverlustes oder einer Krankheit. Auf Mark lastet in dieser Konstellation die komplette finanzielle Verantwortung für seine Familie. Anna hat dagegen ein finanzielles Problem, wenn sich das Paar scheiden lassen sollte.

Da Anna und Mark keinen Ehevertrag haben, werden alle während dieser Zeit aufgebauten Vermögenswerte, auch die Rentenerwartungen, im Scheidungsfall zu gleichen Teilen aufgeteilt. Allerdings findet die durchschnittliche

Scheidung in Deutschland nach 15 Jahren statt. Die Kinder, die zu diesem Zeitpunkt noch relativ jung sind, werden normalerweise bei Anna bleiben. Mark ist bereits im mittleren Management, da Anna ihm den Rücken freigehalten hat und er somit Karriere machen konnte. Er hat nun noch etwa 25 Jahre, in denen er Karriere auf mittlerem bis höchstem Niveau machen kann – mit entsprechendem Gehalt und Rentenpunkten. Anna hat dagegen bislang kaum Karriere gemacht, da sie sich um die Familie gekümmert hat. Da die Kinder auch nach der Scheidung bei ihr wohnen und das jüngste Kind erst 10 Jahre alt ist, arbeitet sie auch weiterhin in Teilzeit. Sowohl ihr Gehalt, als auch ihre Rentenpunkte sind entsprechend niedrig – und das für den weitaus längeren Zeitraum ihrer Erwerbstätigkeit.

Eine **Unterhaltspflicht** für die Partnerin besteht nur, bis das jüngste Kind drei Jahre alt ist. Anna bekommt von Mark also Kindergeldzahlungen, ihr Einkommensverlust durch Teilzeit und Karriereeinbußen wird ihr jedoch nicht kompensiert. Dadurch wird ihre Rente deutlich unter der von Mark liegen (Tab. 1.1). Wie erwähnt, beträgt das durchschnittlich verfügbare Einkommen im Rentenalter in Deutschland 2232 € für Männer, 1194 € für Frauen.

> **Unterhaltspflicht**
>
> Prinzipiell ist man der Ex-Partnerin nur bis zum dritten Lebensjahr des jüngsten Kindes unterhaltspflichtig. Es gibt jedoch Ausnahmen, in denen eine längere Unterhaltspflicht besteht. Hierzu gehören behinderte Kinder, Arbeitslosigkeit oder Krankheit (Finanztip 2017).

Wegen dieser großen Unterschiede kann und sollte eine Finanzberaterin bei ihrem Beratungsgespräch darauf achten und eingehen, ob ein Mann oder eine Frau vor ihr sitzt. Und auch bei der eigenen Finanzplanung sollte das Thema beachtet werden. Die konkreten Schritte dieser (weiblichen und gerne auch alle anderen) Finanzplanung folgen in den nächsten Kapiteln.

# 3

# Erste Schritte für die Finanzplanung

**Zusammenfassung** Eine individuelle Finanzplanung beginnt damit, den Status quo zu analysieren: Die Glaubenssätze, die wir mit uns herumtragen sowie unser Netto-Vermögen. Dieses Kapitel legt die Grundlagen für den Umgang mit unseren Finanzen im Alltag. Nach der Betrachtung des Status quo werden konkrete Vorschläge entwickelt. Von einem Haushaltsbuch über Budgetvorschläge, den Aufbau eines Notgroschens sowie den Umgang mit Schulden und Finanzen in der Beziehung bietet dieses Kapitel viele konkrete Empfehlungen und Schritte, um die Finanzen in die eigenen Hände zu nehmen.

Der Umgang mit den eigenen Finanzen ist in Deutschland keine Selbstverständlichkeit. Finanzwissen ist weder Teil der Schul- oder Ausbildung, noch gehört sie zu den Dingen, die uns im Elternhaus vermittelt werden.

Wie bereits erwähnt, bildet unsere finanzielle Absicherung einen fundamentalen Teil unserer Lebensqualität. Daher ist es essenziell, dass wir uns darum kümmern. Es ist aber auch wichtig, zu verstehen, dass nicht alle Menschen dieselben Ansprüche, Bedürfnisse und Möglichkeiten haben. Alle Vorschläge, die in diesem Buch gemacht werden, sollten daher als solche interpretiert werden: als Vorschläge. Je nach Persönlichkeit, Lebenssituation und Zielen bietet Ihnen dieses Buch das Handwerkszeug, um Ihre Finanzen in die eigenen Hände zu nehmen und an Ihre Situation anzupassen. Wenn Sie versuchen, sich in ein vorgegebenes Muster zu pressen, werden Sie früher oder später daraus ausbrechen – spätestens in einer Krisensituation. Es ist also notwendig, dass Sie ein System entwickeln, dass zu Ihnen passt und das Sie anpassen können, wenn sich Ihre Situation verändert. Dieses Kapitel legt die Grundlage dafür.

> Es ist besser, einen Tag im Monat über sein Geld nachzudenken, als einen ganzen Monat dafür zu arbeiten. – John Davison Rockefeller

## 3.1 Glaubenssätze identifizieren

Ein großer Anteil unseres Verhaltens basiert auf Dingen, die wir in unserer Kindheit aufgeschnappt haben. Was wir als Kinder sehen und hören, nehmen wir zunächst einmal als etwas hin, das wahr sein muss und das demnach nicht verändert werden kann. Hierbei wirkt das, was wir sehen, stärker als das, was uns gesagt wird.

Ich habe letztens ein Geschwisterpaar beobachtet, das sich darum stritt, wer später mal das Sagen hat. Die Schwester (ca. 6 Jahre alt) und der Bruder (ca. 8 Jahre alt) warfen sich also die Sätze zu: „Wenn ich mal groß bin, werde ich Chef!" – „Nein, wenn ich mal groß bin, werde ICH Chefin!"

Dann sagte der Bruder: „Wenn ich mal groß bin, dann werde ich Bundeskanzler! Dann bin ich Chef von euch allen." Daraufhin sagte seine Schwester: „Das geht nicht, du musst eine Frau sein, um Bundeskanzlerin zu werden!"

Mein erster Impuls war, dem Mädchen dazu zu gratulieren, wie sie sich behauptete. Und dann habe ich das genauer angeschaut: Diesem Mädchen hat sicherlich niemand gesagt, dass man eine Frau sein muss, um Bundeskanzler zu werden. Sie hat es einfach ihr ganzes Leben lang so gesehen, und ihre Schlussfolgerung ist: Wenn es kein Gegenbeispiel gibt, muss es wohl so sein. Dieser Glaubenssatz hat sich in ihrem Unterbewusstsein festgesetzt. Sie wird viele Gegenbeispiele benötigen, um diese Annahme wirklich zu korrigieren. Leider sieht dieses Mädchen nicht nur die Frau, die es zur Bundeskanzlerin geschafft hat. Sie sieht auch die vielen Vorstände und Vorstandsvorstände, die Männer sind; die vielen Professoren an Universitäten, an denen es kaum Professorinnen gibt; und die Sekretärinnen, unter denen selten eine männliche Assistenz zu finden ist. All diese Beispiele lassen sie vermuten, dass sie es eben doch nicht an die Spitze schaffen kann. Und die wenigen Frauen, die es schaffen, müssen absolute Ausnahmetalente sein, denn sonst gäbe dort mehr Frauen.

> Taten sagen mehr als 1000 Worte.

Wir haben viele solcher Glaubenssätze in uns verankert, viele davon noch aus unserer Kindheit, andere aus späteren Situationen. Die meisten davon schlummern gut versteckt in unserem Unterbewusstsein. Im Zusammenhang mit Geld sind in Deutschland viele Glaubenssätze negativ behaftet. Diese Glaubenssätze blockieren uns in unserem Umgang mit Geld. Nehmen Sie den Satz, „Geld verdirbt den Charakter". Wenn Sie der Meinung sind, dass dieser Satz der Wahrheit entspricht, dann wird es Ihnen sehr schwerfallen, Ihr Geld zu vermehren. Denn im Zweifelsfall entscheiden Sie sich eher für den guten Charakter und damit gegen Geld und Vermögen. Erst, wenn wir uns aktiv mit unseren Glaubenssätzen auseinandersetzen und sie verarbeiten, können wir zu einem konstruktiven Umgang mit Geld kommen.

In Tab. 3.1 finden Sie einige Beispiele für verbreitete Glaubenssätze zu Geld und Vermögen. Nehmen Sie einen Stift und tragen Sie bei jedem Satz eine Zahl zwischen 1 und 10 ein, wie sehr Sie der jeweiligen Aussage zustimmen. Hören Sie dabei auf Ihr Bauchgefühl, ohne zu viel nachzudenken. Dabei gilt: 1 = stimme gar nicht zu; 10 = stimme vollkommen zu.

Stellen Sie sich einmal vor, Sie würden mit einer Freundin reden. Dieser Freundin sagen Sie ständig: „Es gibt Wichtigeres als dich. Du verdirbst meinen Charakter. Mit dir bin ich nicht glücklicher als ohne dich." Wie würde diese Freundin reagieren? Sie hört sich diese Aussagen vielleicht zwei, drei Mal an – und dann dreht sie sich um und marschiert aus Ihrem Leben. Geld verhält sich ganz ähnlich. Wenn wir diese negativen Sätze glauben, wird unser Unterbewusstsein uns auf dem Weg zu finanzieller Unabhängigkeit immer wieder sabotieren.[1]

Schauen Sie sich nun die Sätze an, denen Sie die höchste Punktzahl gegeben haben, denen Sie also zustimmen. Stellen Sie sich bei jedem dieser Sätze die Frage: Das, was Sie über Geld und seine Auswirkung auf Menschen wissen – glauben Sie das, oder wissen Sie es?

---

[1]Für das Thema Glaubenssätze und Geldblockaden ist Gisela Enders von Klunkerchen (https://klunkerchen.com) sehr zu empfehlen.

**Tab. 3.1** Glaubenssätze

| | |
|---|---|
| Geld ist die Wurzel allen Übels | Ich komme nie an das große Geld |
| Es ist nicht genug Geld für alle da | Ich habe nie genug Geld |
| Reiche Menschen sind nicht glücklicher als arme Menschen | Immer wenn ich Geld bekomme, hat jemand anderes es verloren |
| Egal, was ich tue, es reicht trotzdem nie | Mit viel Geld würde ich dekadent |
| Geld wächst nicht auf den Bäumen | Mit viel Geld würde ich faul und träge |
| Geld verdirbt den Charakter | Zeit ist Geld |
| Über Geld spricht man nicht | Viel Geld kann man nur durch Rücksichtslosigkeit und Härte bekommen |
| Wer reich ist, hat keine wahren Freunde | Wer Geld hat, hat die Macht |
| Ich muss für mein Geld hart arbeiten | Wenn ich reich bin, liebt man mich nur meines Geldes wegen |
| Geld stinkt | Sei zufrieden mit dem, was du hast |
| Eher geht ein Kamel durch ein Nadelöhr, als dass ein Reicher in den Himmel kommt | Bescheidenheit ist eine Zier |
| Es wäre besser, wenn es kein Geld gäbe | Reichtum ist ungerecht |
| Geld bringt nur Sorgen | Ich kann mich nicht beklagen |
| Es ist nicht alles Gold, was glänzt. | Reichtum macht einsam |
| Der Mann bringt das Geld nach Hause | Glück kann man nicht kaufen |
| Es gibt Wichtigeres als Geld | Das letzte Hemd hat keine Taschen |
| Viel Geld bringt viel Verantwortung mit sich. | Reiche Menschen haben Glück gehabt und beuten andere aus |
| Geld macht hochnäsig und arrogant | Reiche Menschen sind schlecht, arrogant und unehrlich |
| Geld ist schmutzig | Reichtum schafft nur Neid |
| Geld regiert die Welt | Reiche Menschen können nicht mehr ruhig schlafen |

(Fortsetzung)

**Tab. 3.1** (Fortsetzung)

| | |
|---|---|
| Geld macht bequem | Wer viel Geld hat, kann sich nicht mehr an Kleinigkeiten erfreuen |
| Geld zerrinnt mir zwischen den Fingern | Ich hätte niemals die Disziplin, um zu sparen |

Nehmen wir an, Sie sind der Meinung, dass reiche Menschen schlecht, arrogant und unehrlich sind. Wissen Sie das wirklich? Können Sie sich dessen sicher sein? Oder glauben Sie das nur, und tatsächlich könnten Sie sich irren?

Schauen Sie sich in Ihrem Umfeld um: Kennen Sie reiche Menschen, die noch dazu nett und ehrlich sind? Oder kennen Sie arme Menschen (oder solche, die Sie nicht als reich bezeichnen würden), die ebenfalls schlecht, arrogant oder unehrlich sind? Wenn arme Menschen arrogant und schlecht sein dürfen, dürfen reiche Menschen dann nicht auch diese Eigenschaften haben? Vielleicht hat Geld gar nichts mit dem Charakter zu tun, sondern uns fallen bei reichen Menschen die unschönen Charakterzüge eher auf, weil wir besonders nach ihnen suchen. Hier haben wir wieder den bereits in Kap. 2 erwähnten Bestätigungsfehler: Wir sehen nur die Informationen, die unsere vorher gefasste Meinung bestätigen.

Nehmen Sie sich jetzt einige der Sätze, denen Sie die höchste Punktzahl gegeben haben, und formulieren Sie diese so um, dass Sie eine positive Bedeutung haben. Aus dem Satz „Reiche Menschen sind schlecht, arrogant und unehrlich" könnte werden: „Unter reichen Menschen gibt es dieselben Charakterzüge wie unter armen Menschen." Oder auch: „Unser Charakter hängt nicht von unserem Reichtum ab." Verändern Sie Ihre identifizierten Glaubenssätze so, dass sie positiv sind und sich für Sie gut anfühlen und glaubwürdig sind.

In Tab. 3.2 finden Sie einige positive Glaubenssätze zu Geld. Suchen Sie sich zwei bis fünf heraus, die sich für Sie persönlich gut anfühlen. Hierfür können Sie wieder die Skala von eins bis zehn benutzen. Schreiben Sie sich die Sätze, denen Sie zehn Punkte gegeben haben, auf einen Zettel und lesen Sie sie sich täglich mehrfach durch. Dies ist ein wichtiger Schritt, um das Thema Geld in unserem Unterbewusstsein positiv zu verankern.

Je positiver wir Geld gegenüber eingestellt sind, umso leichter fällt es uns, damit umzugehen und es zu vermehren. Zudem können wir erst dann unser Geld für die Dinge nutzen, die uns wichtig sind, wenn wir unsere Finanzen wirklich in den eigenen Händen halten.

Astrid Lindgren hat ihrer berühmtesten Heldin Pippi Langstrumpf diese wunderbaren Worte in den Mund gelegt: „Wer stark ist, muss auch gut sein".

Bei unseren Finanzen passt dieser Satz in leicht modifizierter Form hervorragend:

> Nur wer stark ist, kann es sich leisten, gut zu sein.

Nur wer finanziell auf eigenen, stabilen Beinen steht, kann es sich leisten, für sich und ihr Umfeld Gutes zu tun. Damit ist der spontane Blumenstrauß für die Freundin ebenso gemeint wie der Besuch im Zoo mit dem Patenkind oder die Möglichkeit, ein Projekt finanziell zu unterstützen, das uns am Herzen liegt. Auch den Besuch in

**Tab. 3.2** Positive Glaubenssätze

| | |
|---|---|
| Ich empfange mit Leichtigkeit | Ich bin ein Geldmagnet |
| Ich bin dankbar | Ich liebe Luxus |
| Ich bin mehr als genug | Meine Kundinnen bezahlen mich gerne |
| Ich bin es wert | Reichtum beginnt im Kopf |
| Mein Leben ist wundervoll | Ich fühle mich gut mit viel Geld |
| Geld ist Energie | Geld ist Lebensqualität |
| Geld ist Freiheit | Es ist genug Wohlstand für alle da |
| Geld ist mein Freund | Geld liebt mich |
| Es ist ok, mehr als meine Eltern zu verdienen | Es ist ok, mehr als mein Umfeld zu verdienen |
| Ich genieße mein Leben | Es ist allein meine Sache, wofür ich mein Geld ausgebe |
| Geld schenkt mir Wahlfreiheit | Das Universum meint es gut mit mir |
| Je mehr ich habe, umso mehr kann ich geben | Geld muss fließen |
| Ich liebe es, viel Geld zu verdienen | Geld ist Wertschätzung |
| Geld bewirkt viel Gutes | Geld ist mein Freund |
| Viel Geld gibt mir viele Möglichkeiten, Gutes zu tun | |

einer Therme, durch den wir wieder ausgeruht und gut gelaunt sind, müssen wir uns leisten können.

Was sind Dinge, die Sie gerne unterstützen oder umsetzen würden, wenn Sie viel Geld hätten? Dabei ist Ihnen selbst überlassen, was für Sie viel Geld ist. Schreiben Sie sich diese Dinge auf und schauen Sie die Liste immer wieder an. Falls die Motivation mal nachlässt, bringt ein Blick auf diese Liste sie wieder zurück.

_____
_____
_____
_____
_____
_____

## 3.2 Analyse des Status quo: Das Nettovermögen

Der beste Punkt, um unsere finanzielle Reise zu starten, ist eine Analyse des Status quo. Konkret ist das unser Nettovermögen. Das Nettovermögen berechnet sich aus der Summe der Vermögenswerte, also dem Besitz, minus die Verbindlichkeiten, also die Schulden. Vermögenswerte sind Bargeld, Immobilien, Aktien, Gemälde, Unternehmen, Gold, Sammlerstücke. Zu den Verbindlichkeiten zählen primär Schulden wie ein (Studien-)Kredit, ein überzogenes Konto oder unbezahlte Rechnungen. Die Differenz aus beiden Seiten ist das Nettovermögen.

Es ist hilfreich, im ersten Schritt das Nettovermögen zu berechnen, um daraus die nächsten Schritte abzuleiten. Wenn das Nettovermögen negativ ist, wir also Schulden haben, ist das zunächst nicht schlimm. Es heißt einfach, dass unser erster Schritt der Schuldenabbau sein sollte. Wie das funktionieren kann und welche Ausnahmen es von dieser Regel gibt, wird in Abschn. 3.6 behandelt.

Tab. 3.3 können Sie benutzen, um Ihr persönliches Nettovermögen zu berechnen.

Nun wissen Sie, ob Ihr Nettovermögen positiv ist oder negativ; ob Sie also Schulden haben oder bereits Vermögen. Diese Tabelle hilft als Grundlage für die nächsten Schritte.

## 3.3 Eine Übersicht erstellen: Das Haushaltsbuch

Ein Haushaltsbuch zu führen ist ein bewährter und sehr effektiver Weg, um unsere finanzielle Situation besser zu verstehen. Das Haushaltsbuch zeigt uns schwarz auf weiß,

**Tab. 3.3** Ihr Nettovermögen

| Vermögenswerte |
| --- |
| Spargelder (Tagesgeld, Festgeld, Girokonto, Bausparvertrag) |
| Sonstiges (Lebensversicherung, Riester-Rente, private Rentenversicherung etc.) |
| Wertgegenstände (Auto, Kunst etc.) |
| Wertpapiere (Anleihen und Anleihen-Fonds) |
| Wertpapiere (Aktien und Aktien-Fonds) |
| Immobilien (Eigentum und Vermietung) |
| Edelmetalle/Rohstoffe |
| Sonstiges |
| **Summe der Vermögenswerte** |
| |
| **Verbindlichkeiten** |
| Kredit 1 |
| Kredit 2 |
| Dispositionskredit (Überzogenes Konto) |
| sonstige Schulden |
| **Summe der Verbindlichkeiten** |
| **Vermögenswerte minus Verbindlichkeiten =** |
| **Ihr Nettovermögen** |

Diese Tabelle mit integrierter automatischer Berechnung finden Sie auch als Excel-Datei auf der Homepage des Female Finance Forums (https://www.femalefinanceforum.de/wp-content/uploads/2019/06/Tabelle-3.1-Nettovermögen.xlsx).

woher unser Geld kommt und wohin es fließt. Es lohnt sich, mindestens drei Monate lang alle Einnahmen und alle Ausgaben aufzuschreiben. Dabei ist es egal, ob Sie das mithilfe eines Notizbuches machen, mit einer Excel-Tabelle (auf der Homepage des Female Finance Forums können Sie sich eine Vorlage[2] herunterladen) oder einer Handy-App (hier[3] gibt es einige Vorschläge für eine App).

Warum ist es so wichtig, einen detaillierten Überblick über unsere Finanzen zu bekommen? Es verhält sich mit

---

[2] https://www.femalefinanceforum.de/wp-content/uploads/2018/03/Female-Finance-Forum_Haushaltsbuch.xlsx

[3] https://www.femalefinanceforum.de/2018/02/25/die-besten-haushaltsbuch-apps/

unseren Finanzen ähnlich wie mit unserer Ernährung: Wenn wir ein gutes Gespür dafür haben, wie viel wir essen und was uns guttut, dann müssen wir nicht auf die Kalorien achten. Und wenn wir mal bei Omas 90. Geburtstag über die Stränge schlagen, ist das nicht schlimm, weil wir von alleine wieder ins Gleichgewicht kommen. Wenn wir aber nicht sicher sind, ob wir uns gesund ernähren, dann kann es hilfreich sein, eine Zeitlang intensiver auf unsere Ernährung zu achten.

Bei unseren Finanzen ist es genauso: Idealerweise bewegen wir uns intuitiv in einem gesunden Gleichgewicht von Einnahmen und Ausgaben. Wir können das Leben genießen, weil wir wissen, dass wir nicht konstant über unseren Mitteln leben. Viele Menschen haben jedoch bei Finanzen kein besonders gutes Gespür, da wir den Umgang mit Geld häufig weder im Elternhaus noch in der Schule lernen. Daher ist es hilfreich, eine gewisse Zeit alle Einnahme und Ausgaben aufzuschreiben. Wir zählen quasi unsere Finanz-Kalorien!

Diese Übung ist ein hervorragender Startpunkt auf dem Weg zu finanzieller Unabhängigkeit. Hierbei geht es darum, einen genauen Überblick über unsere Finanzflüsse zu bekommen. So können wir versteckte Finanzlöcher entdecken oder „schlafende" Kosten aufdecken – laufende, aber ungenutzte Mitgliedschaften oder andere regelmäßige Ausgaben, die wir schon längst vergessen hatten.

Das Haushaltsbuch und das Nettovermögen zeigen auf, dass ein hohes Einkommen nicht gleichbedeutend mit einem hohen Vermögen ist. Professionelle Fußballspieler sind dafür ein gutes Beispiel. In der 1. Bundesliga liegt das Durchschnittsgehalt bei € 1,3 Mio., und auch in der 3. Liga verdienen die Spieler durchschnittlich 116.000 € pro Jahr (Spox 2017). Die meisten Menschen würden das durchaus als „genug Geld" bezeichnen. Trotzdem ist später jeder vierte Ex-Fußballprofi pleite (Welt 2011). Wie kann das sein? Man sollte meinen, dass es bei einer Million jährlich möglich ist, so zu wirtschaften, dass am Ende etwas übrigbleibt – viel übrigbleibt!

Das ist genau der Unterschied zwischen Verdienst und Vermögen. Denn wenn wir viel Geld verdienen, aber auch viel Geld ausgeben – dann haben wir letztendlich genauso wenig, wie wenn wir wenig Geld verdienen und wenig ausgeben. Natürlich kann ich mir mit mehr Geld mehr Dinge leisten. Doch die Frage ist: Wenn ich ein Vermögen aufbauen möchte – um z. B. in der Rente sicher meinen Lebensstandard halten zu möchten, oder um mit 60 für die nächsten Jahre nur noch vier Tage die Woche arbeiten zu müssen, oder um meine Kinder auf eine schöne Reise einladen zu können – dann hilft es nicht, wenn ich all mein Geld immer sofort ausgebe. Denn solange sich meine Ausgaben an meine Einnahmen anpassen (weil ich beständig meinen Lebensstandard anhebe), wird mein Vermögen – das, was am Ende des Monats oder des Jahres als Plus auf meinem Konto steht – nicht wachsen.

Häufig denken wir uns: Wenn ich erst viel Geld verdiene, dann ist alles anders. Dann werde ich reich. Tatsächlich werden wir jedoch nicht durch ein hohes Gehalt reich, sondern durch niedrige Ausgaben.

Henry Ford hat es auf den Punkt gebracht:

> „Reich wirst du nicht durch das, was du verdienst, sondern durch das, was du nicht ausgibst."

Beim Haushaltsbuch soll es nicht darum gehen, ein obsessives Sparverhalten oder Kontrollzwang zu entwickeln. Im Gegenteil: Es geht darum, Entscheidungen bewusst zu treffen. Unser Geld für die Dinge auszugeben, die uns echte Lebensqualität bringen. Das kann der Kaffee zum Mitnehmen sein, das kann das Avocado-Sandwich sein oder das zehnte Windlicht. Es ist wichtig, dass wir unsere eigenen Prioritäten kennen und ein gesundes Mittelmaß finden, um im Rahmen unserer individuellen Möglichkeiten möglichst viele unserer Wünsche erfüllen zu können. Denn je besser wir uns selbst und unser Verhalten kennen, umso weniger müssen wir darüber nachdenken. Wir wissen intuitiv, ob wir uns noch in unserem finanziellen Rahmen bewegen, oder ob wir unser Verhalten anpassen müssen. Eine gute Orientierung ist dieser Ansatz: Wenn Sie überlegen und nachrechnen müssen, ob Sie sich etwas leisten können, dann können Sie es sich im Zweifelsfall nicht leisten.

Dieses bewusste (Konsum-)Verhalten ist nebenbei auch positiv für unseren Planeten; auch hier sollten wir Menschen lernen, dass es wichtig ist, nicht mehr zu verbrauchen, als vorhanden ist. Zukünftige Generationen sollten nicht darunter leiden, dass jetzige Generationen über den Verhältnissen des Planeten konsumieren und zu viele Ressourcen verbrauchen.

> Versuchen Sie, eine hohe Lebensqualität zu erreichen. Diese kann mit einem hohen Lebensstandard einhergehen, kann aber auch davon unabhängig sein. **Lebensqualität ist wichtiger als Lebensstandard.**

## 3.4 Alltagsplanung (Budget)

Das Haushaltsbuch zeigt uns rückblickend, wie viel Geld wir für die einzelnen Dinge ausgeben. Es dient uns als Grundlage, um nun einen Schritt weiter zu gehen und uns zu überlegen: Wie viel Geld möchte ich denn für die jeweiligen Dinge ausgeben? Möchte ich wirklich diesen Betrag jeden Monat für Restaurantbesuche ausgeben, obwohl ich dabei die meiste Zeit auf mein Handy schaue? Und ist mir das Netflix-Abo seinen Preis wert?

Es gibt zwei weit verbreitete Budget-Modelle, die sich sehr gut eignen, um unsere Finanzen zu planen. Dabei teilen wir unser verfügbares Einkommen auf verschiedene Ausgabenkategorien auf. So können wir leichter den Überblick behalten, in welchen Bereichen noch Spielraum ist, um zu sparen oder unser Ausgabeverhalten anders zu gestalten. Welches der Modelle zu Ihnen passt, sollten Sie selbst entscheiden. Vielleicht probieren Sie beide Modelle eine Zeitlang aus und entscheiden dann, welches Ihnen besser gefällt.

### 3.4.1 50–30–20

Das einfachste Budget braucht nur drei Zahlen: 50–30–20 (Abb. 3.1). Es wurde von US-Senatorin Elizabeth Warren bekannt gemacht (Warren 2006).

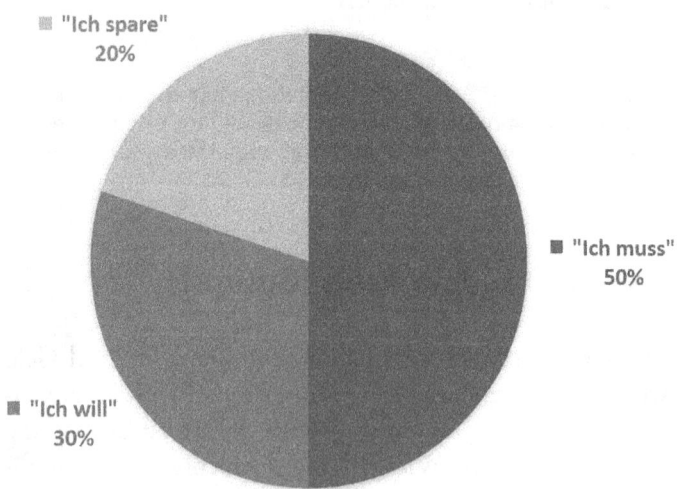

**Abb. 3.1** Das 50–30–20-Modell

Der erste Topf – 50 % – sind die **„ich muss"**-Ausgaben, also die Grundbedürfnisse. Dazu zählen normalerweise Miete, Versicherungen, Lebensmittel. Je nach Situation kann auch Berufsbekleidung dazu zählen. Bei einem Auto empfehle ich, nochmal genau zu überlegen: Ist es ein Grundbedürfnis (brauchen Sie es wirklich unabdingbar, um damit zur Arbeit zu kommen?), oder gehört es eher in die nächste Kategorie, die „ich will"-Ausgaben?

Für diese Grundbedürfnisse sollten Sie etwa 50 % Ihres verfügbaren Einkommens einplanen.

Der zweite Topf – 30 % – sind die **„ich will"**-Ausgaben, also Freizeit und Vergnügen: Essen gehen, Kino, Fitnessstudio. Wie oben erwähnt, kann auch das Auto zu den „Ich will"-Ausgaben zählen.

Für diese Freizeitausgaben sollten Sie etwa 30 % Ihres Einkommens einplanen.

Der dritte Topf – 20 % – ist die **Spardose.** Hier kann es sinnvoll sein, diesen Posten nochmal aufzuteilen: 10 % gehen in den Notgroschen (vgl. Abschn. 3.5). Dieser Notgroschen wird benutzt, wenn beispielsweise die Waschmaschine kaputt geht oder ein sonstiger Notfall ansteht, für den wir schnell Geld benötigen. Die anderen 10 % werden langfristig investiert und die nächsten Jahrzehnte nicht angefasst.

## 3.4.2 Das Sechs-Töpfe-Modell

Das Sechs-Töpfe-Modell eignet sich ebenfalls gut, um die alltäglichen Ausgaben zu strukturieren. Außerdem hilft es uns, unsere Prioritäten auch finanziell zu strukturieren und umzusehen. Die Herangehensweise beim Sechs-Töpfe-Modell nach Ann Wilson ist dieselbe wie vorher: Wir überlegen uns konkret, wie groß die verschiedenen

Ausgabentöpfe sein sollen. Danach sortieren wir unsere Ausgaben (Wilson 2014).

Im Sechs-Töpfe-Modell haben wir sechs verschiedene Kategorien für unsere Ausgaben, und zwar die Folgenden:

- **Laufende Ausgaben:** Hierunter fallen alle Dinge des täglichen Bedarfs, wie Miete, Versicherungen oder Lebensmittel. Hierfür benötigen wir ca. 55 % unseres verfügbaren Einkommens.
- **Spenden:** Bei diesem Topf geht es darum, einfach zu geben, ohne Hintergedanken. Oder vielleicht mit diesem Gedanken: „Das Leben ist ein Bumerang – man bekommt immer zurück, was man gibt." Geld ist ein Mittel zum Zweck; den Zweck bestimmen wir. Dieser Topf beläuft sich auf etwa 5 % unseres verfügbaren Einkommens.
- **Weiterbildung:** Unser Humankapital, also unser Kopf, ist unser wertvollstes Gut. Für die meistens von uns ist der Kopf die Einkommensquelle für die nächsten Jahrzehnte. Daher ist es immens wichtig, den Kopf durch Weiterbildung und Weiterentwicklung zu fördern. Dies kann in direktem Bezug zum Job stehen, aber auch völlig unabhängig davon. Eine neue Sprache zu lernen hält nachweislich fit und beweglich im Kopf. Diese Investition in unsere Weiterbildung kann eine Investition in Bücher sein, in Online-Kurse, Workshops oder jegliche andere Form der Weiterentwicklung. Dieser Topf bekommt 10 % unseres verfügbaren Einkommens.
- **Spaß:** Bei diesem Topf geht es darum, bei allem Sparen und Budgetieren die Lebensfreude nicht zu verlieren. Wenn wir unsere Ausgaben diszipliniert senken wollen, sollten wir uns ab und zu eine Verschnaufpause gönnen. Genau dafür ist der Spaß-Topf da: Ein Tag im Spa, ein Restaurant-Besuch, ein Ausflug. Irgendetwas, das Ihnen

Spaß macht und die Motivation erhöht, an den anderen Tagen die Spar-Disziplin zu wahren. Auch hierfür wenden wir 10 % unseres verfügbaren Einkommens auf.
- **Finanzielle Freiheit:** Dieses Geld investieren wir langfristig – für die Rente, für später, oder mit dem Ziel der finanziellen Freiheit. Was das bedeutet, schauen wir uns in Kap. 4 genauer an. Dieses Geld legen wir langfristig an und lassen es die nächsten Jahrzehnte unangerührt liegen. Solange der Notgroschen (Abschn. 3.5) allerdings noch nicht gefüllt ist, fließt dieser Topf komplett in den Aufbau des Notgroschens. Dieser Topf bekommt ebenfalls 10 % unseres verfügbaren Einkommens.
- **Notgroschen:** Der Notgroschen fängt uns auf, falls die Waschmaschine kaputt geht, wir den Job kündigen müssen oder eine andere unvorhergesehene Ausgabe ansteht, die wir nicht aus den laufenden Ausgaben bezahlen können. In den Notgroschen fließen ebenfalls 10 % unseres verfügbaren Einkommens.

Diese Aufteilung ist in Abb. 3.2 veranschaulicht.

Eine Sparquote von 20 % (10 % für den Notgroschen, 10 % für den langfristigen Vermögensaufbau oder die finanzielle Freiheit) kann ziemlich viel sein und ist vielleicht nicht auf Anhieb realisierbar. Wichtig ist hierbei zunächst nicht die konkrete Zahl. Wichtig ist im ersten Schritt, sich einen festen monatlichen Betrag vorzunehmen. Falls dieser Betrag anfänglich niedrig ist, können Sie ihn ja sukzessive steigern. Idealerweise richten Sie sich direkt einen Dauerauftrag ein, der automatisch monatlich diesen festgelegten Betrag auf ein separates Konto überweist. Wenn Sie stattdessen versuchen, alles zu sparen, was am Ende des Monats übrig ist, erlauben Sie sich vermutlich doch die ein oder andere Ausnahme, wenn es mal etwas enger ist. Außerdem kommt ab der dritten Woche des Monats bei jeder nicht zwingend notwendigen

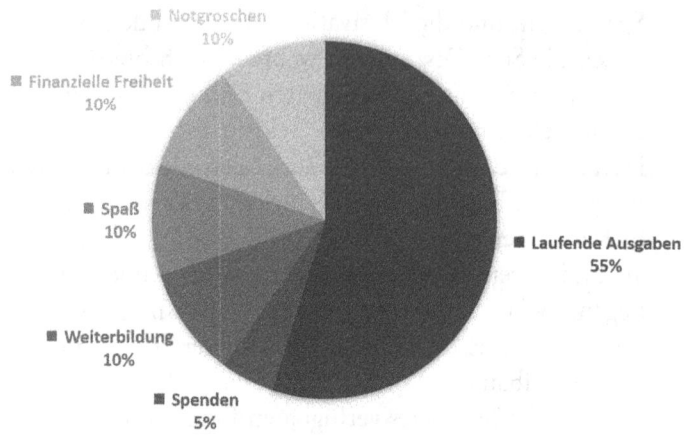

**Abb. 3.2** Sechs-Töpfe Modell nach Wilson (2014)

Ausgabe das schlechte Gewissen, weil Sie ja eigentlich sparen wollten. Wenn Sie dagegen zuerst Ihren Sparbetrag beiseitelegen, können Sie alles restliche Geld auf Ihrem Alltags-Konto mit gutem Gewissen ausgeben, da Sie ja bereits gespart haben.

> „Sparen Sie nicht, was nach dem Ausgeben übrig ist; geben Sie aus, was nach dem Sparen übrig ist." – Warren Buffett

Um bei diesen Budgets den Überblick zu behalten, gibt es einige Hilfsmittel. Manche Konto- oder Haushaltsbuch-Apps kommen bereits mit der Möglichkeit, Ausgaben in unterschiedliche Kategorien einzuteilen. Eine andere Methode ist die Briefumschlag-Methode: Hierbei nehmen Sie für jede Ihrer Kategorien einen Briefumschlag, den Sie entsprechend beschriften. In jeden Briefumschlag legen Sie genau den Betrag hinein, den Sie für diese Kategorie in dem Monat ausgeben möchten. So wissen Sie immer genau, wo Sie gerade stehen und wie viel Ihnen noch bis zum Monatsende bleibt.

Diese Budgets mit den jeweiligen Töpfen sollen nur als Richtwerte dienen. In manchen Situationen oder Lebensphasen ist es einfach nicht möglich, die Ausgaben nach diesen Modellen aufzuteilen. Dennoch ist es äußerst hilfreich und überraschend, ein solches Budget auf der Basis des Haushaltsbuchs zu erstellen und sich konkrete Ziele zu setzen.

## 3.5 Notgroschen aufbauen

Ein Notgroschen ist genau das, was der Name sagt: Der Groschen, der uns in der Not hilft. Was kann so ein Notfall sein?

> **Notsituationen mit und ohne Notgroschen**
>
> **Szenario 1** Sie sind in einer festen Beziehung, wohnen mit Ihrer Partnerin zusammen. Sie haben Streit, und im Affekt rutscht Ihrer Partnerin die Hand aus. Sie wissen, dass damit eine rote Linie überschritten und Ihre Beziehung nicht zu reparieren ist.
>
> **Ohne Notgroschen**
> Leider wissen Sie auch, dass die Mieten in Ihrer Stadt teuer sind und Sie es sich nicht leisten können, eine Zeit lang zwei Wohnungen zu mieten (Ihr Anteil an der gemeinsamen Wohnung, die noch weiterläuft, und Ihre neue Wohnung). Sie reden sich ein, dass es ein einmaliges Versehen war, und bleiben bei Ihrer Partnerin. Mit schlechtem Gefühl im Bauch.
>
> **Mit Notgroschen**
> Sie haben Streit mit Ihrer Partnerin. Da sich die Beziehung nicht retten lässt, ziehen Sie aus. Leider heißt das, dass Sie für ein paar Wochen doppelt Miete zahlen müssen. Dank Notgroschen können Sie es sich leisten und müssen

nicht in der gemeinsamen Wohnung bleiben, obwohl die Beziehung nicht mehr funktioniert.

**Szenario 2** Sie sind glücklich in Ihrem Job, leisten gute Arbeit, sind zufrieden. Dann bekommen Sie eine neue Chefin. Mit dieser neuen Chefin ecken Sie immer wieder an, da Sie fundamental unterschiedliche Standpunkte haben. In einem solchen Streit platzt Ihnen der Kragen, und Sie schleudern Ihrer Chefin die Kündigung entgegen. Zu Hause schauen Sie sich Ihren Kontostand an.

### Ohne Notgroschen
Am nächsten Morgen gehen Sie zu Ihrer Chefin, entschuldigen sich, und behalten ab diesem Zeitpunkt Ihre Meinung für sich. Sie wissen, dass Sie drei Monate lang kein Arbeitslosengeld bekommen, wenn Sie selbst kündigen („Sperrfrist"). Ihr Notgroschen reicht nicht aus, um die dreimonatige Sperrfrist des Arbeitsamts zu überbrücken.

### Mit Notgroschen
Ihre Chefin verhält sich Ihnen gegenüber respektlos. Nachdem das mehrfach passiert ist, kündigen Sie. Da Sie selbst gekündigt haben, bekommen Sie drei Monate lang kein Arbeitslosengeld. Zum Glück haben Sie einen Notgroschen, um in der Zeit Ihre Lebensunterhaltskosten zu zahlen!

**Szenario 3** Ihre Waschmaschine geht kaputt.

### Ohne Notgroschen
Sie haben keine Rücklagen, um eine neue Waschmaschine zu kaufen. Bis Sie genug Geld für eine neue Maschine angespart haben, gehen Sie in einen Waschsalon und waschen dort. Das kostet aber viel Zeit und ist aufwendig.

### Mit Notgroschen
Sie recherchieren gute Waschmaschinen, überbrücken die Zeit bis zur Lieferung mithilfe der Nachbarin und haben nach kurzer Zeit eine neue Waschmaschine.

**Szenario 4** Sie haben einen Versicherungsschaden und müssen die Summe vorstrecken. Sie bekommen das Geld von der Versicherung zurück, allerdings mit zeitlicher Verzögerung.

**Ohne Notgroschen**
Obwohl Sie wissen, dass Sie das Geld zurückbekommen werden, stecken Sie in einem finanziellen Engpass. Sie müssen sich Geld von Verwandten leihen, um die Zeit überbrücken zu können.

**Mit Notgroschen**
Kein Problem dank Notgroschen.

## Wie groß sollte der Notgroschen sein?

Die Höhe des Notgroschens hängt von Ihren Lebenshaltungskosten ab. Er sollte so groß sein, dass Sie und alle, die finanziell von Ihnen abhängig sind – Ihre Kinder, Ihr Hund, Ihre Meerschweinchen – drei bis sechs Monate davon leben können. Auf Restaurantbesuche und auch Urlaub können Sie in einer Notsituation verzichten. Aber die Miete muss weiterhin gezahlt werden, ebenso wie Lebensmittel, Versicherungen oder auch der Handyvertrag und das Fitnessstudio.

Manchmal wird auch pauschal empfohlen, mindestens 10.000 € als Notgroschen schnell verfügbar zu haben; mit Auto eher 20.000 €. Ihren persönlichen Notgroschen können Sie auf Basis des Haushaltsbuchs ermitteln. Für eine ungefähre Einschätzung können Sie auch Tab. 3.4 ausfüllen. Zudem finden Sie auf der Homepage des Female Finance Forums eine Excel-Tabelle, die automatisch Ihren Notgroschen berechnet.

Der Notgroschen ist dafür da, uns in einer Notsituation zu helfen. Eine Notsituation ist häufig eine emotionale Belastung oder Herausforderung; der Notgroschen vermeidet, dass es noch dazu eine finanzielle Belastung

**Tab. 3.4** Notgroschen

| Feste Kosten |
| --- |
| Miete |
| Versicherung 1 |
| Versicherung 2 |
| Schulden |
| GEZ |
| Strom |
| Handy |
| Fitnessstudio |
| Sonstiges |
| **Gesamt feste Kosten** |
| |
| **Variable Kosten (reduziert auf ein Minimum)** |
| Lebensmittel |
| Sonstiges |
| |
| **Gesamt variable Kosten** |
| **Monatliche Gesamtkosten (feste + variable Kosten)** |
| **3 x monatliche Gesamtkosten** |
| **6 x monatliche Gesamtkosten** |
| **Ihr individueller Notgroschen (zwischen 3 und 6 x Ihre monatlichen Kosten)** |

Diese Tabelle mit integrierter automatischer Berechnung finden Sie auch als Excel-Datei auf der Homepage des Female Finance Forums (https://www.femalefinanceforum.de/wp-content/uploads/2019/06/Tabelle-3.2-Notgroschen.xlsx).

ist. Das heißt aber auch, dass wir es uns in einem Notfall erlauben sollten, den Notgroschen zu benutzen. Wir müssen uns nicht durch eine finanzielle Notlage quälen, obwohl wir die Situation erleichtern könnten. Der Notgroschen ist eine von uns selbst angelegte Hilfe, auf die wir bei Bedarf zugreifen dürfen.

## 3.6 Umgang mit Schulden

Schulden sind weit verbreitet in unserer Gesellschaft. 2018 lag die durchschnittliche Verschuldung von privaten Haushalten in Deutschland bei 31.800 €. Davon belief sich der größte Teil auf Immobilienhypotheken (28.400 €). Aber auch Ausbildungs- und Konsumentenkreditschulden gehören dazu. Interessant ist, dass die Ausbildungsschulden im Durchschnitt bei 600 € pro Haushalt lagen, die Konsumentenschulden bei 2300 € pro Haushalt (Statistisches Bundesamt 2019b).

### 3.6.1 Gute Schulden, schlechte Schulden

Schulden sind also sehr normal in Deutschland. Es ist wichtig, dass wir zwischen „guten" und „schlechten" Schulden unterscheiden.

Schulden können ein Hemmnis sein. Sie können uns zum einen bremsen, weil wir im Alltag weniger Geld zur Verfügung haben, einfach durch die Rückzahlung des Kredits plus Zinsen. Eine Bank ist normalerweise ziemlich unerbittlich, wenn es um die Tilgung ihres Kredits geht. Außerdem wirken Schulden psychologisch als Bremse: Kann eine Angestellte es sich leisten, ihren Job zu kündigen, wenn sie weiß, dass sie monatlich ihren Kredit abbezahlen muss? Dieses Wissen, einen Kredit zurückzahlen zu müssen, bremst uns stark in unseren Träumen und Visionen.

Gleichzeitig können Schulden auch wie ein Katapult wirken, mit dessen Hilfe wir das nächste Level erreichen. Hierzu zählen insbesondere Ausbildungsschulden und Hypothekenschulden.

**Ausbildungsschulden**
Wenn Sie beispielsweise BAföG beziehen oder einen Studienkredit aufnehmen, um ein Studium zu finanzieren, kann dies eine Hebelwirkung haben: Das Geld ermöglicht Ihnen die Ausbildung, dank der Sie später ein höheres Gehalt erzielen können. Insbesondere für solche

Ausbildungs- und Studienkredite gibt es in Deutschland viele Möglichkeiten, zu günstigen Konditionen (zum Beispiel eine lange zinslose Zeit oder eine Rückzahlungssumme, die sich am späteren Einkommen orientiert) einen Kredit aufzunehmen.

**Hypothekenschulden**
Eine ähnliche Katapultfunktion haben Hypothekenschulden: Sie nehmen jetzt einen Kredit auf, um in der Zukunft Ihre Einkünfte z. B. durch Vermietung zu erhöhen. Ohne einen Kredit sind nur wenige Menschen in der Lage, eine Immobilie zu finanzieren; ein Kredit schafft diese Möglichkeit.

Diese Schulden sind nicht immer automatisch eine gute Investition. Wenn Sie eine Immobilie überteuert kaufen oder sie anschließend an Wert verliert, oder wenn Sie keinen Job finden, der Ihrer Ausbildung entspricht, dann hätten Sie rein finanziell möglicherweise eine andere, bessere Investition tätigen können. Dennoch haben diese Investitionen das Potenzial, Ihr zukünftiges Einkommen zu erhöhen.

Schulden, die Ihr zukünftiges Einkommen nicht vermehren, sollten Sie dagegen möglichst vermeiden. Sie reduzieren Ihr frei verfügbares Vermögen und wirken zudem wie eine psychologische Bremse. Dies sind alle Konsumschulden.

**Konsumschulden**
Unter Konsumschulden fallen alle Kredite, die Sie nur konsumieren anstatt sie zu investieren. Das kann der neue Fernseher sein, den Sie in Raten bezahlen, genauso wie das neue Handy oder das Auto. Diese Dinge verlieren konstant an Wert, ohne Ihr Einkommen zu erhöhen. Der Konsumkredit finanziert dabei einen Lebensstandard, der eigentlich über den eigenen Möglichkeiten liegt. Diese

Konsumschulden entfalten die volle negative Kraft von Schulden:

- Schulden sind teuer. Insbesondere ein Dispositionskredit (Dispo), also ein überzogenes Konto, kostet wahnsinnig hohe Zinsen. So viel Rendite bekommen wir momentan mit keiner seriösen Geldanlage, als dass sich das lohnen würde.
- Schulden bremsen uns. Schulden wirken wie ein emotionaler Bremsblock, der ständig auf uns lastet. Den neuen Job können wir nur annehmen, wenn er mindestens so viel zahlt wie der Jetzige, denn wir müssen ja unsere Schulden abbezahlen. Die Weltreise muss warten, bis die Schulen abbezahlt sind. Auf diese Weise hemmen Schulden unsere Fähigkeit, groß, kreativ und mutig zu denken.

Für die „guten Schulden" (Ausbildungs- oder Hypothekenschulden) gibt es normalerweise einen festen Rückzahlungsplan, den wir nur teilweise beeinflussen können. Es lohnt sich aber häufig, die Sondertilgungsmöglichkeiten zu nutzen, um den Kredit schnellstmöglich abzuzahlen.

> Wenn du etwas kaufst, bezahlst du nicht mit Geld, sondern mit der Lebenszeit, die du verbraucht hast, um dieses Geld zu verdienen. – José Mujica

### 3.6.2 Abbau von Schulden

Wenn wir schlechte Schulden haben, ist es wichtig, uns zunächst darauf zu konzentrieren, diese abzubauen. Parallel können wir bereits anfangen, den Notgroschen aufzubauen, um in einem Notfall nicht wieder zurück zu fallen. Dennoch ist es wichtig, uns auf die Tilgung dieser Konsumschulden zu konzentrieren, um den psychologischen Ballast loszuwerden und um die hohen Zinsen auf unserem Dispo zu vermeiden.

Der erste Schritt, um Schulden abzubauen, ist ein ehrlicher Blick in den Spiegel, oder besser gesagt: ins Haushaltsbuch. Wie bereits in Abschn. 3.3 beschrieben, zeigt uns das Haushaltsbuch, wo Einsparpotenziale liegen. Es zeigt genau, wo unsere finanziellen schwarzen Löcher sind, durch die das Geld zerrinnt. Es ist wie der Kalorienzähler, der uns unerbittlich aufzeigt, wo die Fettpölsterchen herkommen.

Im nächsten Schritt sollten Sie sich klare Ziele setzen. Wie hoch sind die Schulden? Wie weit ist der Dispo im Minus? Wie viel möchten und können Sie monatlich zurückzahlen? Seien Sie so konkret und ambitioniert wie möglich – das Gefühl, schuldenfrei zu sein, wird die Anstrengung wert sein!

Wenn wir unser Verhältnis von Einnahmen zu Ausgaben verbessern wollen, können wir entweder die Ausgaben verkleinern, oder die Einnahmen vergrößern.

### 3.6.2.1 Ausgaben verkleinern

Bei der Betrachtung der Einnahmen und Ausgaben konzentrieren wir uns häufig darauf, die Ausgaben zu verkleinern: Weniger Geld für unnötige Dinge ausgeben, vielleicht öfters selbst kochen, die kleinen Dinge im Leben bewusster wahrnehmen.

Das ist ein äußerst wichtiger Aspekt, und insbesondere die Wertschätzung der kleinen Dinge – also eine Art minimalistische Blickweise – kann zu viel gewonnener Lebensqualität führen. Allerdings hat das Sparpotenzial eine natürliche Grenze. Die Miete muss gezahlt, Essen eingekauft werden. Und vor allem wollen wir ja das Leben leben und genießen, und nicht ein zwanghaftes Sparverhalten entwickeln. Wir wollen also die gesunde Balance zwischen einem sparsamen Lebenswandel und verprasstem Geld finden.

Eine meiner absoluten Lieblingsregeln ist der Pareto-Effekt, oder die 80–20-Regel. Sie besagt: 80 % unserer Arbeit erledigen wir in 20 % der Zeit, aber für die restlichen 20 % der Arbeit brauchen wir 80 % der Zeit (Delers 2018).

Diese Regel lässt sich auf viele Aspekte anwenden:

- Die 20 % Stammkunden eines Unternehmens generieren 80 % des Umsatzes.
- 80 % des Projekts sind in 20 % der eingeplanten Zeit erledigt.
- 80 % unserer Gespräche finden mit 20 % unserer Kontakte statt.

Diese 80–20-Regel ist nur eine Faustregel, die nicht akkurat sein muss. Sie trifft aber erstaunlich häufig zu und ist eine gute Erinnerung, dass wir öfters hinterfragen sollten, ob uns nicht auch 80 % (oder 90 %) des Ergebnisses reichen und wir somit schon mit 20 % des Arbeitsaufwands fertig sein können. Die so gewonnene Zeit können wir ja in andere, neue Projekte stecken.

Auch für unsere Finanzen lässt sich diese Regel anwenden: 20 % unserer Ausgabenposten machen 80 % unserer Ausgaben aus. Diese wenigen, großen Punkte sind unsere Fixkosten: Miete, Versicherungen, Internet, Handy, Fitnessstudio. Die vielen flexiblen Punkte sind unsere variablen Kosten: Lebensmittel, Hygieneartikel, Kleidung, oder der geliebte Coffee to Go.

Unsere Fixkosten zu senken hat einen viel größeren und andauernden Effekt, als zu versuchen, die variablen

Kosten zu senken. Beispiel: Der Wechsel von einem teuren Handyvertrag (49 € monatlich) zu einem günstigeren Angebot (z. B. 19 € monatlich) spart pro Monat 30 €. Diese Vertragsänderung muss nur einmal durchgeführt werden und spart dadurch monatlich 30 €, also 360 € in einem Jahr. Wenn wir hingegen dieselbe Summe (30 €) jeden Monat durch eine Einschränkung unserer variablen Kosten einsparen möchten, müssen wir jeden Monat auf ungefähr 10 Coffee to Go verzichten. Wir müssen also jede Woche zwei bis drei Mal aktiv verzichten. Das schmerzt viel mehr und länger anhaltend, als einmal den Handyvertrag zu wechseln.

### 3.6.2.2 Einnahmen vergrößern

Wenn wir die Ausgaben nicht weiter reduzieren können, schauen wir uns die andere Seite der Gleichung an: Die Einnahmen. Hierbei gibt es neben der Gehaltsverhandlung noch andere Möglichkeiten, die Einnahmen zu erhöhen:

> **Überblick**
> 1. **Keller und Kleiderschrank ausmisten.** Es ist erstaunlich, wie viel Geld in unseren Schränken in Vergessenheit gerät. Vielen dieser Dinge können wir zu einem zweiten Leben verhelfen. Vielleicht gibt es noch richtig Geld dafür, oder jemand anderes freut sich einfach darüber. Auf jeden Fall ist es besser, als damit den Keller, Dachboden oder die eine Hälfte des Schrankes zu füllen. Ebay Kleinanzeigen, Kleiderkreisel oder der örtliche Flohmarkt sind erste gute Anlaufstellen.
> 2. **Nebenjob.** Es gibt viele Möglichkeiten, durch einen Nebenjob zusätzliches Geld zu verdienen, wie zum Beispiel abends Nachhilfe geben oder mit Hunden spazieren gehen. Oder auch etwas, was nicht so häufig stattfinden muss: In welchem Thema können Sie sich als Expertin etablieren? Wenn Sie ab und zu einen Vortrag

zu diesem Thema halten, müssen Sie dies nicht regelmäßig machen und können dennoch ein zusätzliches Einkommen generieren.
3. **Vermieten.** In Zeiten von Airbnb[4] ist es sehr einfach geworden, ein Zimmer oder die ganze Wohnung zu vermieten. Genauso kann das Auto bei Carsharing-Diensten angeboten werden, wenn es beispielsweise im Alltag unter der Woche nicht benutzt wird.
4. **Passives Einkommen.** Die Krönung der Einkommenssteigerung: Sie entwickeln einmal eine Art, Gewinn zu machen, und es läuft dann von alleine weiter. Das wäre zum Beispiel ein E-Book, das Sie einmal schreiben und das dann theoretisch endlos häufig gekauft werden kann, ohne dass Sie zusätzlichen Aufwand haben. Rendite von Aktien oder Anleihen würde auch in diese Kategorie fallen: Das Portfolio muss einmal geschickt aufgestellt werden, und dann lassen Sie sich die Dividende ausschütten.

Bei fast allen dieser Einkommensquellen ist zu sagen, dass der Aufwand normalerweise recht hoch ist, bevor Sie die Hände in den Schoß legen und den Gewinn ernten können. Ein Buch zu schreiben, das so viele Leute toll finden, dauert seine Zeit. Ein Aktienportfolio aufzubauen, auch. Es kann sich aber lohnen, in diese Richtung nachzudenken, denn manchmal kann man auch sein Hobby zum Beruf machen. Wichtig: Wenn Sie Ihr Hobby in eine Nebentätigkeit umwandeln, sollten Sie das dem Finanzamt in Ihrer Steuererklärung mitteilen.

Ein weiterer, ganz wichtiger Aspekt: Reden Sie über Ihre Vorsätze und suchen Sie sich Verbündete. Ihr Umfeld wird zu großen Teilen unterstützend reagieren und vielleicht sogar dankbar mitmachen. Gemeinsam macht es mehr Spaß, und Sie können sich gegenseitig motivieren.

---

[4]Bitte beachten: Je nach Stadt können die gesetzlichen Vorgaben für Airbnb variieren. Informieren Sie sich vorab, ob in Ihrer Stadt die Vermietung über Airbnb erlaubt ist.

Wir gehen gemeinsam ins Fitnessstudio und reden über unsere Ernährungspläne – es wird Zeit, dass wir uns auch in Finanzfragen unterstützen und motivieren.

## 3.7 Finanzen in der Beziehung

Unsere Beziehungen sind häufig das Herzstück unseres Lebens. Mit unserem Partner oder unserer Partnerin teilen wir den Alltag, die besonderen Momente, die Höhen und Tiefen. Da ist es erstaunlich, dass das Thema Finanzen häufig in Beziehungen nicht oder nur oberflächlich besprochen wird. Wie in Abschn. 1.2.5 erwähnt, können Geldsorgen und Streit wegen Finanzen zu einem echten Beziehungskiller werden. Tatsächlich spielten finanzielle Auseinandersetzungen bei fast der Hälfte aller Scheidungen eine Rolle (Forsa 2015).

Bereits beim ersten Date kann es zu unangenehmen Situationen kommen: Wird die Rechnung geteilt? Zahlt selbstverständlich er? Zahlt sie? Wir sind ja emanzipiert und gleichberechtigt, gleichzeitig vielleicht romantisch veranlagt – und vor allem geprägt von Elternhaus, Kultur, Hollywood oder Beziehungsratgebern. Da ist es schon schwierig, das eigene Bauchgefühl überhaupt zu hören. Und das dann gleich dem noch fast unbekannten Gegenüber kommunizieren? Dank unserem kulturellen Mantra „Über Geld spricht man nicht" eine schier unmögliche Aufgabe.

Dabei ist es essenziell, den Umgang mit Geld zu klären. Finanzen können das notwendige Öl im Getriebe einer Beziehung sein, oder auch der störende Sand.

Wenn beide Partner einen ähnlichen Umgang mit und Verständnis von Geld haben, ist die Grundlage sehr solide.

„Gemeinsam sind wir stark" – beide Partner ziehen am selben Strang und können zusammen viele Höhen und Tiefen überbrücken. Wenn das Geld mal knapp ist, ist es wichtig, dass beide die Notwendigkeit erkennen, den Gürtel enger zu schnallen. Und auch, dass sie sich darauf einigen, in welchen Bereichen der Gürtel enger geschnallt wird. Urlaub? Auto? Wohnung? Restaurantbesuche? Fitnessstudio? Hier ist es wieder hilfreich, wenn jeder seine und ihre eigenen Prioritäten kennt, um danach die gemeinsamen Prioritäten zu entwickeln.

Im Folgenden werden einige Themen aufgezeigt, die Paare in ihrer Beziehung besprechen sollten, und Schritte vorgeschlagen, um die Finanzen in der Beziehung zu strukturieren und zu klären.

## 3.7.1 Finanzen im Beziehungsalltag

Häufig sind es die kleinen Dinge, die in einer Beziehung zu Zähneknirschen und Streit führen. Dies gilt auch für die Finanzen.

Hier sind fünf Tipps, wie Sie von Anfang an Beziehungsstress wegen Finanzen vermeiden können:

### 3.7.1.1 Besprechen Sie Ihren Umgang mit Geld

Wie wichtig ist Ihnen der regelmäßige Restaurantbesuch? Wie stehen Sie zu Schulden? Wieviel Geld sind Sie bereit, für Urlaub auszugeben? Welche kurz-, mittel- und langfristigen Pläne und Ziele verfolgen Sie, und was kosten diese? Finden Sie heraus, welche Dinge Ihnen wirklich wichtig sind, sodass Sie finanziell entsprechend planen können.

### 3.7.1.2 Führen Sie ein gemeinsames Haushaltsbuch

Ich weiß, ich bringe das Thema Haushaltsbuch immer wieder auf. Ich bin davon überzeugt, dass es eine äußerst wichtige und wirkungsvolle Methode ist, um den genauen Überblick über die Grundlagen Ihrer finanziellen Situation zu bekommen. Durch eine neue Beziehung ändern sich die Lebensumstände: Vielleicht gehen Sie öfters aus oder Sie haben neue gemeinsame Hobbys. Irgendwann ziehen Sie vielleicht in eine gemeinsame Wohnung, wodurch sich die Lebensumstände erneut komplett ändern. Dann lohnt es sich, nochmal für ein paar Monate ein Haushaltsbuch zu führen. Sie können es natürlich direkt an Ihre neuen Lebensumstände anpassen und z. B. ein gemeinsames Haushaltsbuch führen, in das Sie zusätzliche Zeilen für Ihre Einzelausgaben einfügen.

### 3.7.1.3 Fang nie was mit Verwandtschaft an! (Und wenn, dann mit Vertrag)

Stellen Sie sich vor, Ihr Partner muss Schulden abbezahlen. Sie haben Geld gespart, das Sie ihm gerne als Kredit geben möchten. Ihr Partner zahlt monatlich den Kredit ab. Die Zinsen sind für Ihren Partner bei Ihnen niedriger als bei der Bank, und für Sie sind sie höher als auf dem Tagesgeldkonto. Eigentlich eine gute Sache für beide.

Jetzt kommt aber die Situation, dass Ihr Partner seine monatliche Rate nicht zahlen kann – aus welchen Gründen auch immer. Plötzlich sind Sie in der Position der Bank – und er ist von Ihnen abhängig. Wie gehen Sie damit um? Diktieren Sie ihm, welche Ausgaben noch sinnvoll sind und welche nicht? Erlassen Sie ihm gnädig einen Teil der Schulden?

In einer gleichberechtigten Beziehung auf Augenhöhe sollten wir es vermeiden, dass ein Partner vom anderen derart finanziell abhängig ist. Deswegen sagte schon Kurt Tucholsky: „Fang nie was mit Verwandtschaft an!"

### 3.7.1.4 Wer mehr verdient, zahlt mehr

Wenn ein Partner mehr verdient als der andere, sollte er oder sie auch mehr zum gemeinsamen Lebensunterhalt beitragen. Miete, Lebensmittel und andere alltägliche gemeinsame Ausgaben können zum Beispiel anteilig aufgeteilt werden. Wenn ein Partner beispielsweise monatlich 1000 € netto verdient und der andere 2500 €, zahlt der mehr verdienende Partner ca. 70 % der laufenden Ausgaben, der andere Partner entsprechend 30 %. Mehr zum Umgang mit unterschiedlichen Gehältern kommt in Abschn. 3.7.3.

### 3.7.1.5 Gemeinsames Konto, ja oder nein?

Irgendwann im Laufe einer Beziehung steht meistens die Frage im Raum, ob es einfacher ist, ein gemeinsames Konto für die alltäglichen Ausgaben zu haben – Miete, Lebensmitteleinkäufe und dergleichen. Hierbei ist es wichtig, den vorherigen Punkt im Kopf zu haben: Es müssen nicht beide denselben Betrag auf das gemeinsame Konto überweisen. Im nächsten Abschnitt erkläre ich eine Möglichkeit, wie ein gemeinsames Konto organisiert werden kann.

## 3.7.2 Das Drei-Konten-Modell

In der Anfangszeit einer Beziehung teilen wir unsere Ausgaben häufig auf Zuruf: Eine zahlt an einem Tag, beim nächsten Treffen zahlt die Andere. Unser Finanzverhalten passt sich unserer Lebenssituation an.

Wenn die Beziehung gut läuft, ziehen die meisten irgendwann in eine gemeinsame Wohnung. Hier kann sich ein gemeinsames Haushaltskonto als praktisch erweisen. Das kann auch erstmal einfach eine gemeinsame Kasse sein, in die beide Partner ein Haushaltsgeld einzahlen. Um die Kosten fair zu teilen, bietet es sich an, dass nicht beide Partner gleich viel in die Kasse einzahlen. Stattdessen sollten die Kosten anteilig gezahlt werden: Wer ein hohes Gehalt hat, trägt auch den größeren Anteil. Dies hat verschiedene Gründe.

Zum einen haben wir nicht alle dieselbe Ausgangsposition und dieselben Möglichkeiten, um unser Glück zu schmieden. Deutschland ist gerade im Bereich Bildung sehr undurchlässig – der Bildungsweg unserer Eltern bestimmt maßgeblich unseren eigenen Bildungsweg.

Zudem besteht in Deutschland ein Altersunterschied von gut vier Jahren zwischen den Partnern in einer Beziehung. In der Mehrheit der Fälle ist der Mann älter als die Frau (Statistisches Bundesamt 2017a). Dadurch ist der Mann häufig in der Karriereleiter eine Stufe weiter und hat somit ein höheres Gehalt.

Hinzu kommt die geschlechterspezifische Einkommenslücke – Frauen verdienen in Deutschland 6 % weniger Gehalt für dieselbe Arbeit (bereinigte Einkommenslücke). Insgesamt sind es sogar im Schnitt 21 % weniger (Statistisches Bundesamt 2018).

Hinzu kommt, dass nicht immer zu erklären ist, weshalb das Gehalt mancher Berufe so viel höher ist als in anderen. Eine Aufteilung der Kosten, die sich anteilig an den unterschiedlichen Gehältern orientiert, ist daher nur fair.

Wenn wir uns entscheiden, dass wir langfristig zusammenbleiben möchten, bietet sich das Drei-Konten-Modell an: Es gibt ein gemeinsames Alltagskonto, und jede Partnerin hat zusätzlich ein eigenes Konto. Auf diese eigenen Konten gehen die Gehälter. jede Partnerin behält denselben Betrag auf seinem Konto, und der ganze Rest des Gehalts wird auf das gemeinsame Konto überwiesen. Das Geld, welches jeder für sich behält, ist „Taschengeld", über das frei verfügt werden darf.

Wenn das Modell vollständig umgesetzt wird, bedeutet das: Jede Partnerin behält denselben Betrag an frei verfügbarem „Taschengeld", und alles andere geht auf das gemeinsame Konto. Der Vorteil ist, dass das System bei sich verändernden Lebenssituationen beibehalten werden kann.

Ein (offensichtliches) Beispiel für solche eine Veränderung der Lebenssituation sind Kinder. Nehmen wir einmal an, dass die Eltern beschließen, insgesamt 14 Monate Elternzeit zu nehmen (und Elterngeld zu beziehen) und sich die Elternzeit zu gleichen Teilen aufzuteilen. In den ersten Monaten wird also einer der Partner Elternzeit nehmen, in den letzten Monaten der andere Partner.

Mit dem 3-Konten-Modell müssen die Eltern nichts an ihrem Kontosystem verändern: Sie können weiterhin die Einstellung beibehalten, dass alles bis auf das „Taschengeld" auf das gemeinsame Konto überwiesen wird. Während der ersten Hälfte der Elternzeit bezieht vermutlich die Mutter Elterngeld, das möglicherweise niedriger ist als ihr bisheriges Gehalt. Es verringert sich also der Betrag, den sie monatlich auf das gemeinsame Konto überweist; das Geld, das sie zu ihrer eigenen Verfügung hat, bleibt unverändert. In der zweiten Hälfte der Elternzeit dreht sich das Bild um: der Vater bezieht Elterngeld und überweist weniger als zuvor auf das gemeinsame Konto. Sein Taschengeld bleibt ebenfalls unverändert.

Dieses Modell funktioniert ebenso, wenn ein Partner die ganze Elternzeit nimmt: Er oder sie überweist einfach die ganze Zeit einen niedrigeren Betrag auf das gemeinsame Konto; das Taschengeld bleibt für beide Partner gleich. Und wenn einer der Partner in Teilzeit arbeitet, kann das System ebenso beibehalten werden.

An Geld hängen viele Emotionen. Der Partner mit niedrigerem Gehalt fühlt sich vielleicht abhängig, der mit mehr Gehalt fühlt sich belastet, der Versorger oder die Versorgerin zu sein. Durch das Taschengeld kann sich jede Partnerin die finanzielle und emotionale Unabhängigkeit bewahren. Außerdem sollte man immer in der Lage sein, dem Partner ein Geschenk kaufen zu können, ohne dass dieser sofort durch den Kontoauszug darüber Bescheid weiß.

Es ist wichtig, dass jede Partnerin mit ihrem Taschengeld genau das machen kann, was sie möchte. Über dieses Geld wird nicht diskutiert, und es muss nicht offengelegt werden.

### 3.7.3 Umgang mit unterschiedlichen Gehältern

Geld ist Energie. Geld ist in sich weder gut noch schlecht – es ist neutral. Es hängt davon ab, wie wir es benutzen, also wogegen wir es eintauschen. Durch unseren Gebrauch kann es positiven Einfluss nehmen (auf unser Leben und auf das Leben anderer), es kann schlechten Einfluss nehmen (wiederum auf unser sowie auf das Leben anderer), und es kann neutral bleiben. Geld alleine macht nicht glücklich. Wir können dieses Geld jedoch gegen Dinge eintauschen, die uns glücklich machen können. Dazu zählen zum Beispiel Sicherheit, Freiheit oder Selbstbestimmtheit. Die Möglichkeit, unser Leben nach unseren Wünschen und Bedürfnissen zu leben. Gleichzeitig kann Geld auch unglücklich machen. Neid, Frust und Verlustängste können mit Besitz und Geld einherkommen.

In einer Beziehung mit unterschiedlichen Einkünften kann es zu einem (gefühlten) Ungleichgewicht zwischen den Partnern kommen. Jede Rolle hat ihre möglicherweise schweren Päckchen zu tragen.

**Der besserverdienende Partner**
Stellen Sie sich vor, Sie sind der besserverdienende Partner in Ihrer Beziehung. Je nachdem, wie viel – oder wenig – Ihrer Partner verdient, lastet die finanzielle Verantwortung für Ihre Familie hauptsächlich auf Ihren Schultern. Für Sie steht also nicht im Raum, eine berufliche Auszeit zu nehmen. Auch bei einem Jobwechsel muss zuerst das Gehalt stimmen, und erst im zweiten Schritt kann die Frage nach Spaß, Arbeitszeiten oder Anzahl der Dienstreisen gestellt werden. Den Job hinzuschmeißen und ein Unternehmen zu gründen ist keine Option, sofern Ihre Idee nicht zuverlässig ein finanzieller Selbstläufer wird. Sie sind finanziell dazu gezwungen, Ihren jetzigen oder einen ähnlichen Job weiter zu machen, da mehr als Ihre Person davon abhängen.

**Der weniger gutverdienende Partner**
Für den weniger gutverdienenden Partner kann die Situation auch schwierig sein. Er braucht beispielsweise Unterstützung im Haushalt. Was, wenn der verdienende Partner das für überflüssig erachtet? Irgendwie ist es ja sein Geld, von dem diese Reinigungskraft oder Babysitter bezahlt werden soll. Was, wenn sich die Wünsche auch in anderen Aspekten unterscheiden? Wer entscheidet, ob der Urlaub auf dem Campingplatz oder im All-Inclusive-Resort stattfindet, wenn das Geld für diesen Urlaub nur aus einem Portemonnaie kommt?

Ein Unterschied in den Gehältern ist kaum zu vermeiden. Das sollte aber nicht zu einem Unterschied im Mitspracherecht führen. Mit dem bereits beschriebenen

Drei-Konten-Modell können solche Unterschiede im Gehalt einfach ausgeglichen und aus dem Alltag entfernt werden.

Um emotionale Schieflagen zu vermeiden, ist es absolut essenziell, frühzeitig die Prioritäten zu besprechen und gemeinsam die finanziellen Entscheidungen zu treffen. Wenn ein Paar gemeinsam entscheidet, dass ein Partner beispielsweise mit den Kindern zu Hause bleibt oder Arbeitszeit reduziert, sollte das keine Auswirkungen auf die Position in der Beziehung haben. Überhaupt sollte Geld in einer Beziehung auf Augenhöhe nicht zu einem Machtgefälle führen.

### 3.7.4 Ehe und ihre finanziellen und rechtlichen Auswirkungen

Es gibt in Deutschland kaum einen Rechtsakt, der zwei Menschen in so vielen verschiedenen Aspekten miteinander verknüpft, wie die Ehe. Hier kommen einige Punkte, die Sie beachten sollten, wenn Sie über den Bund fürs Leben nachdenken:

#### 3.7.4.1 Auskunftsrecht

Entgegen landläufiger Meinung hat ein Arzt im Ernstfall, z. B. nach einem Unfall, strikte Schweigepflicht. Das heißt, er darf nicht einmal Familienangehörigen oder Ehepartnern Auskunft erstatten – es sei denn, der Patient hat diesem ausdrücklich zugestimmt. Diese Zustimmung kann entweder verbal kundgetan werden – dafür muss der Patient bei Bewusstsein sein. Oder sie wird in Form einer Patientenverfügung formell geregelt. Wenn keine Patientenverfügung vorliegt und der Patient zum Beispiel im Koma liegt, versuchen Ärzte, dem mutmaßlichen Willen des Patienten gerecht zu werden. Dafür wenden sie sich normalerweise an Angehörige und Ehepartner. Ein gesetzliches Recht auf Information oder darauf, eine Entscheidung zu treffen, haben Partner und Angehörige jedoch nicht. Es ist also enorm wichtig, eine Patientenverfügung auszufüllen und klar festzulegen, wer im schlimmsten Fall Informationen erhalten und Entscheidungen treffen darf.

### 3.7.4.2 Kinder

Wenn Kinder im Rahmen einer Ehe zur Welt kommen, wird automatisch davon ausgegangen, dass der angetraute Mann der Vater dieser Kinder ist. Ohne Trauschein muss der Vater zunächst die Vaterschaft anerkennen, um das Sorgerecht zu erhalten. Dies sollte unbedingt bereits vor der Geburt geschehen. Im Fall von Komplikationen bei der Geburt sollte der Vater sein Kind mit nach Hause nehmen dürfen, insbesondere, wenn der Mutter bei der Geburt etwas zugestoßen ist.

### 3.7.4.3 Schenkungssteuer

Ehegatten können sich innerhalb von 10 Jahren bis zu 500.000 € steuerfrei schenken. Unter Freunden – und dazu zählt man als nicht-eingetragene Partnerschaft – liegt dieser Betrag bei 20.000 €. Diese Beträge klingen so, als wären sie nicht erreichbar. Allerdings sind 20.000 € verteilt auf 10 Jahre lediglich 2000 € pro Jahr, oder weniger als 170 € pro Monat. Der Unterhalt für den alltäglichen Gebrauch, beispielsweise über das Gemeinschaftskonto, wird hier nicht angerechnet. Wenn Sie jedoch Ihrem Partner ein Auto schenken oder teuren Schmuck, zählt dies nicht zum alltäglichen Gebrauch. Wenn sich diese Geschenke in 10 Jahren auf mehr als 20.000 € Wert belaufen, wird die Schenkungssteuer fällig.

### 3.7.4.4 Krankenversicherung

Ehepartner und Kinder können in der gesetzlichen Krankenversicherung kostenlos mitversichert werden. Dies gilt nur, wenn die mitversicherte Person Pflicht- oder freiwilliges Mitglied in der gesetzlichen Krankenversicherung ist. Für nicht eingetragene Lebenspartner besteht diese Möglichkeit nicht.

### 3.7.4.5 Unterhaltspflicht

Neben den (rechtlichen) Vorteilen einer Ehe gibt es auch Pflichten. Dazu zählt, dass man füreinander finanziell verantwortlich ist, da man eine Bedarfsgemeinschaft ist. Das bedeutet, dass die Partner füreinander aufkommen müssen und nicht einer der Partner zum Beispiel Arbeitslosengeld II (Hartz 4) beziehen kann, während der andere Großverdiener ist.

### 3.7.4.6 Steuern

Ein wichtiger Aspekt der Ehe in Deutschland ist die Steuer, konkret das Ehegattensplitting. Ehegattensplitting bedeutet, dass ein Paar nicht zwei separate Steuererklärungen macht, sondern eine gemeinsame. Die beiden Einkommen werden quasi in einen Topf geworfen und dann zu gleichen Teilen versteuert. Dadurch zahlt derjenige mit dem hohen Einkommen einen geringeren Steuersatz, der mit dem niedrigen Einkommen einen höheren Satz als bei alleiniger Versteuerung.

> **Beispiel**
>
> Partner 1 hat ein Einkommen von 60.000 € brutto mit einem entsprechend hohen Steuersatz.
> Partner 2 hat ein Einkommen von 20.000 € brutto und zahlt hierauf weniger Steuern als Partner 1.
> Bei gemeinsamer Versteuerung würde jeder der beiden 40.000 € versteuern (60.000 € + 20.000 € = 80.000 €; diese werden auf die beiden Partner verteilt, also 40.000 € pro Person).
> Die Steuerersparnis beläuft sich auf ungefähr 1800 € pro Jahr!

Ein Paar kann sich jedes Jahr neu entscheiden, ob gemeinsam veranlagt wird oder einzeln. Wenn beide Partner ähnlich viel verdienen, lohnt sich die gemeinsame Veranlagung kaum oder nicht.

Die hohe Steuerlast auf dem niedrigen Gehalt durch die Kombination der Steuerklassen führt zu mehr Einkommen für die Familie. Allerdings führt sie auch dazu, dass von dem Einkommen des Partners, der ohnehin schon weniger verdient, auch noch mehr Geld einbehalten wird. Wir Menschen schauen leider meistens nicht auf den Brutto-Betrag unseres Gehalts, sondern auf die Zahl, die auf unserem Konto ankommt. Dadurch ist der gefühlte Beitrag des geringerverdienenden Partners noch niedriger, als er tatsächlich ist.

Außerdem führt es dazu, dass eine Aufstockung der wöchentlichen Stundenzahl (bei einem Teilzeitjob) sich finanziell kaum lohnt. Dies führt häufig dazu, dass der Partner, der ohnehin weniger verdient, auch weniger arbeitet und häufig das Gefühl entsteht, eine Kinderbetreuung lohne sich nicht.

Hinzu kommt, dass Sozialleistungen wie Elterngeld oder Arbeitslosengeld nach dem Netto-Gehalt berechnet werden. Das heißt, dass die höhere Steuerlast von Partner 2 doppelt negativ ins Gewicht fällt. Im schlimmsten und stereotypen Fall kann das folgende Szenario eintreffen: Arzthelferin und Arzt heiraten, haben Kinder. Sie arbeitet in Teilzeit, er Vollzeit, sie nutzen das Ehegattensplitting. Irgendwann trennen sich die beiden. Sie verlässt daraufhin die Praxis, da der Arzt der Praxisinhaber ist. Leider findet sie nicht sofort einen neuen Job, sondern ist für die Übergangszeit arbeitslos. In dieser Zeit erhält sie Arbeitslosengeld. Allerdings berechnet sich dieses auf der Basis ihres früheren Netto-Gehalts. Durch das Ehegattensplitting ist ihr Netto-Gehalt niedriger als es wäre, wenn sie alleine nur die Steuern gezahlt hätte, die ihrem Gehalt zugewiesen wären. Das Ehegattensplitting ist also vorteilhaft, solange alles gut funktioniert. Im schlechten Fall trägt hauptsächlich der finanziell schwache Partner die negativen Auswirkungen.

Diese steuerliche Ungleichbehandlung kann daher zu einer finanziellen Abhängigkeit führen. Es hilft, sich immer wieder vor Augen zu führend, dass der Gehaltsunterschied auf dem Papier aufgrund der steuerlich unterschiedlichen Behandlung größer erscheint, als er tatsächlich ist.

Was wir bei diesen finanziellen Überlegungen außerdem nie aus den Augen verlieren sollten: Ein Gang zum Scheidungsanwalt macht normalerweise alle Vorteile wieder zunichte. Eine Scheidung ist enorm teuer – von den emotionalen Kosten ganz abgesehen.

### 3.7.4.7 Ehevertrag

Ein Ehevertrag hat häufig einen negativen Beigeschmack. Wir sollen noch vor der Hochzeit an die Trennung denken? Eigentlich ist es fahrlässig, nicht darüber nachzudenken. Die Scheidungsrate in Deutschland liegt zurzeit bei 37 %, nachdem sie in den letzten Jahren deutlich gesunken ist. Die durchschnittliche Ehe hielt 15 Jahre an, bis sie geschieden wurde (Statistisches Bundesamt 2017).

Es gibt aber auch eine positive Sicht auf den Ehevertrag: Das Paar liebt sich so sehr und fühlt sich füreinander verantwortlich, dass sie auch für den Scheidungsfall die Partnerin gut absichern wollen. Ob ein Ehevertrag sinnvoll ist, hängt von der Arbeitssituation und Lebensplanung des Paares ab.

## Zugewinngemeinschaft

Ohne Ehevertrag lebt ein Paar in einer **Zugewinngemeinschaft**. Das bedeutet, dass dem Paar alles zu gleichen Teilen gehört, was seit der Eheschließung hinzugewonnen wurde.

Ein Beispiel: Eine der Ehepartner besitzt bereits vor der Eheschließung ein Haus. Dieses Haus gehört auch nach der Hochzeit ihr. Nehmen wir an, sie erbt das Haus, heiratet, und danach steigt der Wert des Hauses stark an. Nach 20 Jahren lässt das Paar sich scheiden. Das Haus gehört immer noch ihr. Allerdings muss sie die Wertsteigerung mit ihrem Partner teilen.

> **Beispiel**
>
> Anna besitzt ein Haus. Zum Zeitpunkt der Hochzeit ist dieses Haus 200.000 € wert. 20 Jahre später, zum Zeitpunkt der Trennung, ist das Haus 300.000 € wert. Der Wert hat sich also um 100.000 € vermehrt. Diese Wertsteigerung muss Anna nun mit ihrem Mann Mark teilen – sie muss ihm also 50.000 € auszahlen. Hierbei ist es egal, ob sie das Haus vor oder nach der Hochzeit erbt. Erbschaften oder größere Geschenke gehören dem erbenden Partner, lediglich der Zugewinn muss geteilt werden.

Dieselbe Verteilung gilt für ein Vermögen, das auf der Basis unterschiedlich hoher Gehälter angespart wurde.

> **Beispiel**
>
> Anna verdient im Jahr doppelt so viel wie Mark. Sie kann dementsprechend mehr sparen und investieren. Die beiden sind 20 Jahre lang verheiratet und trennen sich dann. Alles, was sie im Laufe dieser 20 Jahre an Vermögen aufgebaut haben, wird zum Zeitpunkt der Scheidung zu gleichen Teilen zwischen den beiden aufgeteilt.

Anna und Mark teilen sich auch die während der Ehe erworbene Rentenanwartschaft (Abschn. 1.3). Das gilt sowohl für die gesetzliche, als auch für die betriebliche oder private Altersversorgung.

Durch diese Regel wird in dem klassischen Modell – ein Partner ist Hauptverdiener, der andere kümmert sich primär um die Kinder – der weniger verdienende Partner geschützt, weil auch ihm (oder ihr) die Hälfte der Rentenansprüche zugesprochen werden.

Das ist prinzipiell eine faire Regelung, da es unterschiedliche Einkünfte, die auch durch Elternzeit und Teilzeit entstehen, ausgleicht. Allerdings sollte insbesondere bei Erbschaften wie einer Immobilie bedacht werden, dass dem Partner der Zugewinn zur Hälfte ausbezahlen werden muss. Im Beispiel oben muss Anna Mark 50.000 € zahlen. Wenn sie dieses Geld nicht zur Hand hat, kann es sein, dass sie ihr Haus verkaufen muss, obwohl es ursprünglich ihr alleine gehört hat.

### Einkommensverzicht und Karriereeinbußen

Wenn einer der Ehepartner aufgrund der gemeinsamen Umstände in der Karriere zurücksteckt, kann es sinnvoll sein, einen Ausgleich dieser Einbußen vertraglich festzuhalten. Das klassische Beispiel hierfür sind Kinder: Einer der Partner bleibt längere Zeit zu Hause oder arbeitet in Teilzeit. Diese Rollenverteilung wirkt sich nicht nur auf das Einkommen (und dadurch auf die Rentenansprüche) aus, sondern auch auf die Karrierechancen. Nach der Trennung besteht zwar Unterhaltspflicht für die Kinder; die Unterhaltspflicht für den Partner ist in den letzten Jahren stark eingeschränkt worden. Hier kann es sich lohnen, einen Gehalts- und Rentenausgleich zu vereinbaren, der sich entweder am Alter der gemeinsamen Kinder orientiert: Der Unterhalt für den Partner wird gezahlt, bis die Kinder ein bestimmtes Alter erreicht haben. Alternativ kann sich der Unterhalt am Gehalt des Partners, der die Kinder versorgt, orientieren: Es wird ein Gehalt in einer bestimmten Höhe definiert; sollte der Partner beim Wiedereinstieg nach der Elternzeit dieses Gehalt nicht bekommen, zahlt der Partner die Differenz.

Ein anderes Beispiel, wann so eine Ausgleichsregel sinnvoll sein kann, ist eine internationale Karriere. Wenn einer der Partner bei einer internationalen Organisation (zum Beispiel in der Entwicklungszusammenarbeit) oder im diplomatischen Dienst arbeitet und alle drei bis fünf Jahre in ein neues Land umzieht, hat der andere Partner wahrscheinlich schlechtere Karrierechancen, als er sie in „normalen" Lebensumständen hätte. Hierfür können Ausgleichszahlungen im Scheidungsfall vertraglich geregelt werden.

**Unternehmen oder Selbstständigkeit**
Wenn einer der Partner selbstständig ist oder ein Unternehmen besitzt, wird die per Ehevertrag geregelte **Gütertrennung** empfohlen. Wenn die Ehe geschieden wird, sollte der Fortbestand des Unternehmens nicht gefährdet werden – das Betriebsvermögen wird daher häufig aus der Zugewinngemeinschaft herausgehalten. Allerdings sollte auch der nichtselbstständige Partner geschützt werden: Selbstständige zahlen nicht zwangsläufig in die gesetzliche Rentenkasse ein, sondern sorgen privat vor. Diese Vorsorge

wird im Scheidungsfall nicht automatisch mit dem Partner geteilt. Dies kann auch in einem Ehevertrag geregelt werden.

### Erbe

Das Erbe ist im Normalfall von der Gütertrennung ausgeschlossen, der Zugewinn dieses Erbes jedoch nicht. Wie im Beispiel oben verdeutlicht, kann es dazu kommen, dass der Besitzer der Immobilie diese verkaufen muss, um den Ex-Partner auszuzahlen. Es kann daher sinnvoll sein, eine Erbschaft aus der Zugewinngemeinschaft auszuschließen.

### Unterschiedliche Nationalitäten

Wenn zwei Ehepartner unterschiedliche Nationalitäten haben, gilt normalerweise das Recht des Landes, in dem das Paar lebt. So wird es zumindest in Deutschland gehandhabt. Manche Länder wenden jedoch immer ihre eigenen Gesetze an, egal, welche Nationalität der Ehepartner hat (beispielsweise USA). Ein Ehevertrag kann regeln, welches Recht im Scheidungsfall angewandt wird.

### Immobilie

Viele Paare verwirklichen sich den Traum vom Eigenheim, das irgendwann einmal die Kinder erben sollen. Im Scheidungsfall kann es schwierig sein, sich zu einigen: Wer darf weiterhin dort wohnen? Wer hat wie viel bezahlt? Was passiert, wenn die Partner sich nicht gegenseitig auszahlen können? Über diese Fragen sollten Paare sich bereits vor dem Kauf Gedanken machen, um eine Teilungsversteigerung und Vermögensverluste zu vermeiden.

> Der Gang zum Notar kann zwar einiges kosten, ist aber sicherlich günstiger als später ein langwieriger Rosenkrieg, der Gefühle, Nerven und Geld kostet.

# 4
# Kurz-, mittel- und langfristige Finanzplanung

**Zusammenfassung** Eine vernünftige Finanzplanung bedeutet, sich detailliert mit den eigenen Lebensplänen auseinander zu setzen. Der Zeitraum, wann die jeweiligen Pläne umgesetzt (und finanziert) werden sollen, bestimmt maßgeblich, welche Investitionsmöglichkeiten bestehen. In diesem Kapitel geht es darum, die verschiedenen Anlageklassen und die zu ihnen passenden Zeithorizonte kennen zu lernen, zu verstehen und die eigenen finanziellen Ziele zu konkretisieren.

Bevor Sie Ihr Vermögen (oder Teile davon) investieren, sollten Sie sich über Ihre Ziele und Pläne im Klaren sein. Dabei ist besonders wichtig, dass Sie wissen, für welchen Zeitraum Sie Ihr Geld investieren.

Im Folgenden werden einige Optionen zur Geldanlage vorgestellt. Die spekulativen Investitionen bleiben dabei unerwähnt, da diese sich nicht für die vernünftige, langfristige und nachhaltige Geldanlage eignen.

> **Definition**
>
> Unter einer Investition versteht man allgemein den Einsatz von etwas – Geld, Zeit, Gedanken – mit dem Ziel eines höheren Gegenwerts in der Zukunft. Hierbei gibt es einen Unterschied zwischen der Fachsprache und der Alltagssprache. Im alltäglichen Sprachgebrauch wird häufig von einer guten Investition gesprochen, obwohl diese nicht ihren Wert vermehrt (beispielsweise ein leckeres Essen oder ein Auto).
> In diesem Buch verwenden wir die folgende Definition: **Eine Investition vermehrt ihren Wert.**

## 4.1 Gedanken zum Anfang

Einige Punkte möchte ich Ihnen mitgeben, bevor wir in die Tiefen des Investierens vordringen.

### 4.1.1 Investieren oder Spekulieren

In diesem Buch geht es um den langfristigen, langsamen Vermögensaufbau. Wer schnell reich werden möchte, wird hier nicht fündig. Dabei ist wichtig, zu erklären, dass Investieren und Spekulieren zwei grundlegend unterschiedliche Herangehensweisen sind. Investieren bedeutet, an der zugrundeliegenden Wertsteigerung eines Werts (wie beispielsweise dem steigenden Umsatz eines Unternehmens) teilzuhaben. Spekulieren bedeutet, auf den positiven Ausgang zu wetten, ohne dass es dafür klare Indizien gibt. Im Prinzip ist das nichts anderes als auf den Ausgang eines Münzwurfs zu wetten, oder auch auf den Ausgang einer Runde Roulette: Sie können zwar eine Zeitlang Glück haben, aber am Ende gewinnt die Bank.

## 4.1.2 Bildung

Unser Kopf und insbesondere das darin vorhanden Wissen ist für die meisten von uns unser größtes Kapital – das, was uns im Laufe unseres Lebens das meiste Vermögen einbringt, nämlich die Summe unseres Gehalts. Gleichzeitig entwickelt sich das Wissen in unserer Gesellschaft rasant schnell weiter. Es ist daher aus mehreren Gründen wichtig, sich regelmäßig fortzubilden:

**Wissensstand aktuell halten**
Zunächst geht es darum, unser Wissen auf dem aktuellen Stand zu halten. Dies ist umso wichtiger, je schneller das gelernte Wissen veraltet. Denken Sie daran, was Sie in der Schule gelernt haben, und fragen Sie sich, was davon noch aktuell ist. Alleine schon die Landkarten einiger Regionen dürften sich seither stark verändert haben. Es ist also wichtig, dass Sie sich fachlich auf dem Laufenden halten, indem Sie Fortbildungen besuchen, Bücher lesen oder sich auf andere Weise konstant weiterbilden.

**Flexibilität und Neugierde bewahren**
Die Tatsache, dass sich das Wissen in unserer Gesellschaft rasend schnell weiterentwickelt, heißt auch, dass es enorm wichtig ist, dass wir uns schnell auf sich verändernde Umstände einstellen können. Regelmäßiges Lernen und Weiterbilden hilft, unser Gehirn zu aktivieren und die Neugierde und geistige Flexibilität zu erhalten. Dies sind Fähigkeiten, die in einer sich schnell verändernden Umgebung entscheidend von Vorteil sind.

> Eine Investition in Bildung bringt immer noch die besten Zinsen. – Benjamin Franklin

## 4.1.3 Beratung

Alle in diesem Buch vorgestellten Möglichkeiten, Ihr Geld anzulegen, können Sie selbst umsetzen. Wenn Sie sich dennoch beraten möchten – zu den hier vorgestellten Themen oder zu anderen – sollten Sie sich im Idealfall nicht von einer provisionsbasierten Beraterin beraten lassen. Diese bieten ihren Service zwar auf den ersten Blick kostenlos an, doch dafür erhält sie einen Anteil der Summe, die Sie bei ihr investieren. Sie hat also ein Interesse daran, Ihnen möglichst viele Produkte oder hohe Summen zu verkaufen. So entsteht der Fall der 80jährigen Dame, die einen Bausparvertrag abschließt, obwohl der ihr mit Sicherheit nichts bringt. Meiner Meinung nach sollte eine Bankberaterin nicht Beraterin heißen, sondern Bank*verkäuferin*. Dann ist klar – wie bei einer Autoverkäuferin – dass diese Dame ein Interesse daran hat, uns ein Auto aus ihrem eigenen Sortiment zu verkaufen. Ebenso sollten Banken ihre Beraterinnen als Verkäuferinnen bezeichnen.

Suchen Sie sich stattdessen eine Beraterin, die Sie gegen **Honorar** berät. Dieser Beraterin zahlen Sie einen Stundenlohn – es ist also zunächst schmerzhaft, weil sich die Beratung teurer anfühlt als die der Provisionsberaterin – doch Sie können sich schnell ausrechen, dass Sie bereits innerhalb kürzester Zeit diesen Stundenlohn gespart haben, dadurch, dass Sie nicht mehr jährlich einen Anteil an die Beraterin zahlen. Zudem wird diese Beraterin Sie tatsächlich in **Ihrem** besten Interesse beraten, und nicht in ihrem eigenen. Eine Honorarberaterin finden Sie beispielsweise über den Verbund Deutscher Honorarberater[1]. Auch die Verbraucherzentrale[2] bietet Honorarberatung an; insbesondere in der Durchsicht bereits bestehender Verträge hat sich die Verbraucherzentrale bereits mehrfach bewiesen.

---

[1] https://www.verbund-deutscher-honorarberater.de/
[2] https://www.verbraucherzentrale.de/

## 4.2 Unser Finanz-Haus

Bevor wir mit dem Investieren anfangen, ist es wichtig, unsere gesamte finanzielle Situation zu betrachten. Hierzu dient uns unser Finanz-Haus als gute Orientierung.

Unser Finanz-Haus besteht aus verschiedenen Etagen, die aufeinander aufbauen (Abb. 4.1). Wie bei einem normalen Wohnhaus ist es auch bei unserem Finanz-Haus wichtig, zuerst ein stabiles Fundament zu legen und nicht mit dem Dachgeschoss anzufangen.

**Das Erdgeschoss: Die Absicherung**
Das Erdgeschoss unseres Finanzhauses ist die **Absicherung.** Hierbei gilt der Merksatz: Nichts ist teurer als eine Versicherung, die Sie nicht brauchen. Und gleichzeitig ist nichts teurer, als eine Versicherung nicht zu haben, wenn Sie sie brauchen. Neben der obligatorischen Krankenversicherung gibt es folgende Versicherungen, die für fast alle Menschen sinnvoll sind:

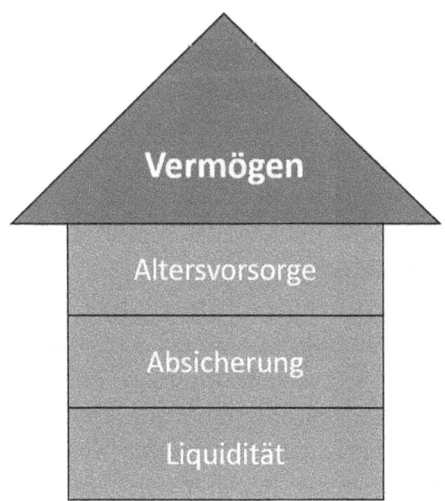

**Abb. 4.1** Unser Finanz-Haus

### Haftpflichtversicherung

Eine Haftpflichtversicherung versichert einen von Ihnen verursachten Schaden bei anderen Menschen. Diese Schäden können schnell in beträchtliche Höhen steigen; wenn Sie zum Beispiel das teure Auto Ihrer Nachbarin ankratzen, oder ein Elektrogerät beschädigen.

### Berufsunfähigkeitsversicherung

Die Berufsunfähigkeitsversicherung sichert Sie ab für den Fall, dass Sie Ihren Beruf nicht mehr ausüben können. Das Gehalt ist für die meistens Menschen das höchste Einkommen, das sie haben. Rechnen Sie einmal die Summe Ihres Gehalts bis zu Ihrem Renteneintritt aus. Dies ist der mögliche Verlust, gegen den Sie eine Berufsunfähigkeitsversicherung absichert. Allerdings sollten Sie die Details Ihres Versicherungsvertrags sehr genau lesen, um sicherzustellen, dass die Versicherung zahlt. Berufsunfähigkeit wird von den Versicherungsgesellschaften gerne sehr eng definiert; manche weigert sich, Sie als berufsunfähig anzuerkennen, solange Sie noch Ihren Kopf bewegen können.

Insbesondere bei der Berufsunfähigkeitsversicherung gilt: Je früher Sie sie abschließen, umso niedriger sind die monatlichen Beiträge und umso weniger Berufsunfähigkeitsgründe werden aufgrund von Vorerkrankungen ausgeschlossen.

### Hausratversicherung

Die Hausratversicherung übernimmt den Fall, dass Sie einen Schaden in Ihrer Wohnung haben. Dies kann ein Feuer sein, ein Wasserschaden oder einfach ein Kind, das die alte Ming-Vase herunterschmeißt. Damit die Hausratversicherung greift, ist es wichtig, dass Sie Ihren Besitz gut dokumentieren (Fotos, Rechnungen). Und auch hier gilt es, gut ins Kleingedruckte zu schauen und zu entscheiden, ob Sie beispielsweise eine Neuwert-Versicherung oder eine Zeitwert-Versicherung abschließen möchten.

Einen ausführlichen Ratgeber zum Thema Versicherungen finden Sie unter anderem bei Stiftung Warentest[3].

**Der erste Stock: Die Liquidität**

Als Liquidität gilt hier unsere Bar-Reserve, die uns jederzeit ohne Kosten zur Verfügung steht. Hierzu zählt insbesondere unser Notgroschen (vgl. Abschn. 3.5). Diese Liquidität kann zu unterschiedlichen Zeitpunkten und in unterschiedlichen Situationen eine unterschiedliche Summe betragen. In Zeiten mit erhöhter Unsicherheit kann es notwendig sein, mehr Bargeld auf dem Konto zu haben, um gegebenenfalls anfallende höhere Ausgaben jederzeit tätigen zu können.

**Der zweite Stock: Die Altersvorsorge**

Wie bereits in Abschn. 1.3. erläutert, ist die Altersvorsorge in Deutschland in drei Säulen aufgeteilt: Die gesetzliche Rente, betriebliche Rente und die private Vorsorge. Für die gesetzliche und betriebliche Rente ist die Erwerbstätigkeit der größte Faktor. Sie gibt uns sowohl die Möglichkeit, in der Gegenwart Geld für später beiseite zu legen, als auch die höhere Rentenanwartschaft.

**Das Dach: Der Vermögensaufbau**

Vermögensaufbau und private Altersvorsorge gehen weite Strecken des Wegs Hand in Hand: Wenn Sie privat für Ihren Ruhestand vorsorgen, bauen Sie unweigerlich ein Vermögen auf. Und wenn Sie ein Vermögen aufbauen,

---

[3]https://www.test.de/versicherungen/

bauen Sie ihre private Altersvorsorge auf. Der Vermögensaufbau geht dann über die reine Altersvorsorge hinaus, wenn er mehr als den Grundbedarf abdeckt.

## 4.3 Das magische Dreieck der Geldanlage

Ein gängiges und leicht verständliches Modell, um eine Investition zu betrachten, ist das **magische Dreieck der Geldanlage** (Abb. 4.2). In jeder der drei Ecken des Dreiecks steht ein Kriterium, das die Geldanlage erfüllen soll: Liquidität, Rendite oder Sicherheit.

Was verbirgt sich hinter diesen Kriterien?

**Liquidität**
Eine Geldanlage ist liquide, wenn das Geld jederzeit verfügbar ist. Das Wort Liquidität kommt aus dem Lateinischen und bedeutet „Flüssigkeit" – wie flüssig ist Ihr Geld? Kommen Sie jederzeit und mit geringem Aufwand (Zeit oder Kosten) an Ihr Geld, oder ist es irgendwo gebunden? Über das Geld auf dem Giro- oder Tagesgeldkonto können Sie jederzeit verfügen. Aktien, Anleihen

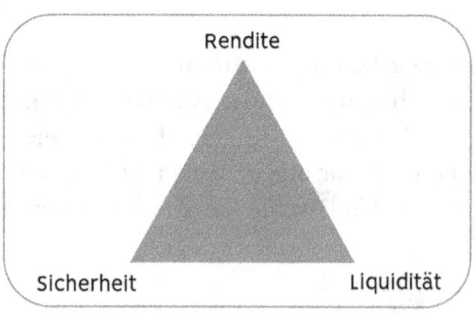

**Abb. 4.2** Das magische Dreieck der Geldanlage

und Fondsanteile können ebenfalls in der Regel täglich verkauft werden – allerdings nur zu dem jweils aktuellen Kurs. Ein Festgeldkonto kann in der Regel nicht schnell aufgelöst werden, es ist also nicht liquide. Ebenso ist eine Immobilie sehr wenig liquide, da es lange dauert, bis sie verkauft ist und zudem beim Verkauf hohe Kosten entstehen.

**Rendite**
Die Rendite ist der Gewinn, den eine Geldanlage erzielt. Das können die Zinsen auf dem Konto sein, der Kursgewinn einer Aktie oder die Wertsteigerung einer Immobilie. Ein normales Girokonto wirft zurzeit meistens keine Rendite ab, wohingegen die Immobilien in den letzten Jahren eine rasante Entwicklung hingelegt haben. Diese historischen Werte sind jedoch kein Indiz dafür, dass es in Zukunft so weitergeht. Die „reale" Rendite bezieht sich auf den Gewinn nach Abzug der Inflation.

**Inflation**
Viele von uns vergessen oder verdrängen, dass es Inflation gibt. Wenn wir unser Geld nur über einen kurzen Zeitraum auf einem normalen Konto „parken", fällt die Inflation kaum ins Gewicht. Über die Jahre hinweg summiert sie sich jedoch auf. Und da wir bei unseren Investitionen ja idealerweise einen sehr langen Zeithorizont haben (20 bis 30 Jahre oder sogar mehr), können diese kleinen Zahlen über die Jahre wirklich groß werden.

Beispiel: Sie haben 1000 € und lassen diese einfach auf dem Konto liegen. Bei 2 % jährlicher Inflation wird aus diesen 1000 € nach 20 und 30 Jahren 667,61 € bzw. 545,48 € geworden sein (vgl. Abb. 4.3).

Anders gesagt: **Bei 2 % Inflation hat sich der Wert Ihres Geldes nach 35 Jahren halbiert.**

Manchmal kann es sinnvoll sein, die Inflation in Kauf zu nehmen. Zum Beispiel bei unserem **Notgroschen,** der auf dem

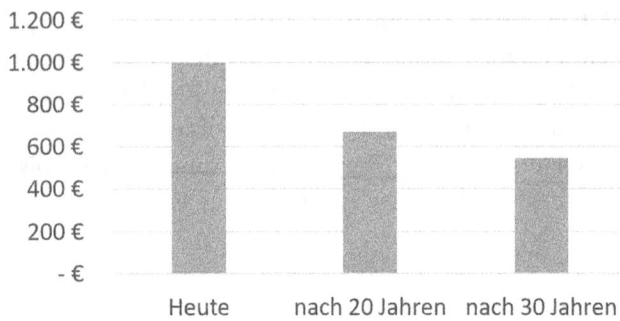

**Abb. 4.3** Auswirkung von 2 % jährlicher Inflation

Tagesgeldkonto liegt. Auch da bekommen wir zurzeit kaum oder keine Zinsen; dennoch empfehle ich, den Notgroschen jederzeit griffbereit, also auf einem Tagesgeld- oder Girokonto, liegen zu haben. Wir erkaufen uns die hohe Flexibilität mit niedrigen (bzw. nicht-existenten) Zinsen; sie ist es wert!

**Wie hoch ist die Inflation tatsächlich?**
Die Europäische Zentralbank (EZB) hat das vorrangige Ziel, „die Preisstabilität zu gewährleisten". Hierbei soll „die Inflationsrate auf mittlere Sicht unter, aber nahe 2 %" liegen. Nach ein paar Jahren sehr niedriger Inflation sind wir jetzt wieder bei knapp unter 2 % angekommen (Deutsche Bundesbank 2018).

**Warum gibt es denn eigentlich Inflation, wenn sie irgendwie nur stört und unser Geld auffrisst?**
Preise schwanken immer. Mal steigt der Preis für Öl, dafür wird Getreide günstiger. Technologischer Fortschritt sorgt dafür, dass Sie für dasselbe Geld immer bessere Computer oder Autos bekommen.

Preise steigen, wenn die Nachfrage höher ist als das Angebot. Wenn ein Produkt besonders beliebt ist oder besonders knapp, kann der Verkäufer einen höheren Preis verlangen. Für ein Brötchen am Flughafen, wo Sie keine Alternative haben – also ein niedriges Angebot – einen höheren Preis zahlen als in einem Supermarkt mitten in der Stadt, wo es in unmittelbarer Nähe drei weitere Bäckereien gibt. Wenn es jetzt aber eine nationale Weizenknappheit gibt (zum Beispiel wegen Ernteausfällen), steigt der Preis für Weizen und damit der Preis für Brötchen.

Ein Grund, warum eine gewisse Inflation erwünscht ist, ist, dass sie ein Puffer gegen Deflation ist. Deflation ist das Gegenteil von Inflation und bedeutet, dass die Preise fallen. Das klingt zuerst gar nicht schlecht. Stellen Sie sich aber einmal vor, Sie wüssten, dass in einem Jahr alles günstiger ist als heute. Ihre Brötchen würden Sie zwar weiterhin kaufen, aber wie sieht es mit dem neuen Auto aus oder der Waschmaschine?

Große Anschaffungen würden wir möglicherweise auf unbestimmte Zeit in die Zukunft verschieben, weil wir ja davon ausgehen, dass die Preise weiter fallen. Für die Unternehmen ist das besonders schlecht, da sie ihre Autos oder Waschmaschinen nicht mehr verkaufen. Sinkende Verkaufszahlen heißen, dass Unternehmen weniger produzieren, sie daher Mitarbeiter entlassen müssen, die dann wiederum weniger Geld haben und somit noch weniger einkaufen. Eine Abwärtsspirale tritt ein. Um uns gegen eine solche Abwärtsspirale zu schützen, nehmen wir also die Inflation in Kauf.

**Sicherheit**

Je sicherer eine Anlage, umso höher ist die Wahrscheinlichkeit, dass sie nicht durch Kursverluste reduziert wird oder gar einen Totalverlust erleidet. Eine Geldanlage ist also sicher, wenn Sie sich darauf verlassen können, dass Ihr Geld zu dem Zeitpunkt, wenn Sie darauf zugreifen möchten, noch da ist. In Europa sind unsere Girokonten dank der europäischen Einlagensicherung[4] bis 100.000 € pro Kunde und pro Bank gesichert. Selbst, wenn die Bank pleitegehen sollte, würde der entsprechende europäische Mitgliedsstaat die privaten Bankeinlagen bis zu dieser Höhe zurückzahlen. Geld auf dem Spar-, Tagesgeld- oder

---

[4]https://www.bundesfinanzministerium.de/Content/DE/FAQ/2014-10-22-harmonisierte-europaeische-einlagensicherung.html

Festgeldkonto ist also äußerst sicher. Eine Aktie ist dagegen deutlich weniger sicher. Wenn das Unternehmen, von dem Sie eine Aktie besitzen, pleitegeht, ist Ihr investiertes Geld weg.

Das Problem an diesem magischen Dreieck: Es ist uns fast nicht möglich, mit unserer Geldanlage alle drei Ecken gleichzeitig abzudecken. Unsere Geldanlage gleicht einem **Oval,** mit dem wir meistens wir nur zwei der drei Kriterien erfüllen können. Man könnte das magische Dreieck daher auch als **frustrierendes Dreieck der Geldanlage** bezeichnen.

Hier sehen Sie ein paar Beispiele für die Anwendung des magischen Dreiecks auf verschiedene Anlageprodukte:

**Sicherheit und Liquidität – ein Girokonto:** Ein Girokonto ist sehr liquide und sehr sicher: Sie können jederzeit zur Bank gehen und Geld abheben, und dieses Geld ist dann auch zuverlässig da. Dafür wirft es leider derzeit keinerlei Rendite ab. Unser Oval der Geldanlage deckt also lediglich die Ecken „Sicherheit" und „Liquidität" ab, jedoch nicht die Ecke „Rendite" (Abb. 4.4).

**Liquidität und Rendite – eine Aktie:** Eine Unternehmensaktie ist sehr liquide – Sie können sie normalerweise jederzeit verkaufen. Das Problem ist, dass Sie nie

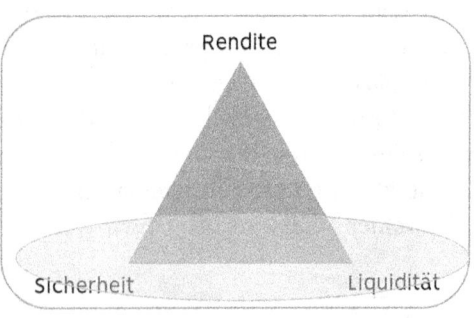

**Abb. 4.4** Magisches Dreieck der Geldanlage; Girokonto

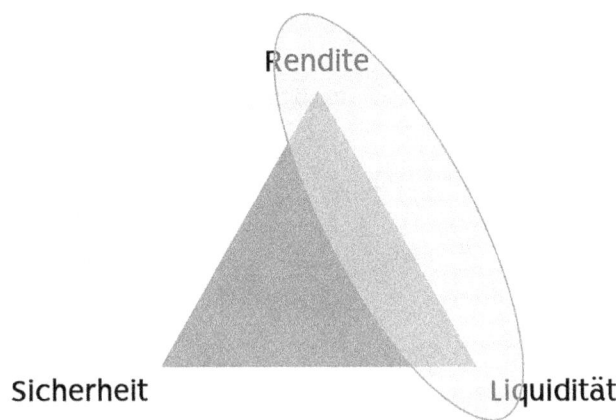

**Abb. 4.5** Magisches Dreieck der Geldanlage; Aktie

wissen, zu welchem Preis Sie sie verkaufen können. Die Kurse können innerhalb eines einzelnen Tages stark schwanken. Eine Aktie ist also wenig sicher, da sich der Preis sehr schnell verändert und unter Umständen ein Teil Ihres Geldes (oder auch alles) weg ist, wenn Sie zu einem ungünstigen Zeitpunkt verkaufen. Zur Wahl des Zeitpunkts kommen wir in einem späteren Abschnitt dieses Buchs. Dafür bringt sie eine verhältnismäßig hohe Rendite, sofern das Unternehmen gut ausgewählt ist. In diesem Fall erfüllt unser Geldanlage-Oval also die Kriterien „Rendite" und „Liquidität", aber nicht die „Sicherheit" (Abb. 4.5).

**Rendite und Sicherheit – eine Immobilie:** Eine Immobilie ist wenig liquide, da sie mit hohen Kauf- und Verkaufsgebühren verbunden ist und der Kauf- und Verkaufsprozess sich zudem über mehrere Monate hinziehen kann. Das investierte Geld ist also nicht jederzeit verfügbar. Die Rendite kann dafür hoch sein, wenn die Immobilie beispielsweise den Aufschwung der letzten Jahre mitgemacht hat. In solche einem Fall erfüllt unser

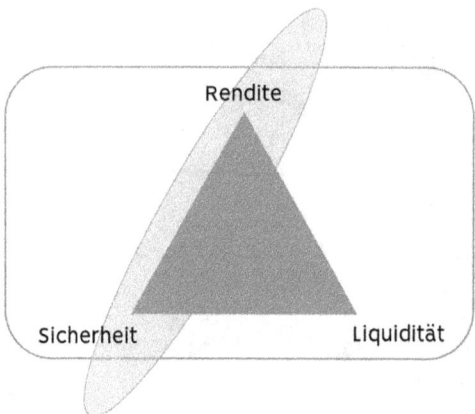

**Abb. 4.6** Das magische Dreieck der Geldanlage – Immobilie

Geldanlage-Oval also die Kriterien „Rendite" und „Sicherheit", aber nicht „Liquidität" (Abb. 4.6).

Idealerweise wollen wir unser Oval der Geldanlage vergrößern, um mehr von den Ecken des magischen Dreiecks der Geldanlage abzudecken. Wir suchen eine Geldanlage, die gleichzeitig rentabel, liquide und sicher ist. Die wirksamsten Faktoren hierfür sind **Zeit** und **Risikostreuung.**

## Zeit

Je länger Ihr **Investitionshorizont** – der Zeitraum, über den Sie Ihr Geld investieren – umso höher ist Ihre zu erwartende Rendite bei gleichbleibendem Risiko. Dies liegt daran, dass die Zeit gleich zwei positive Effekte auf die Entwicklung Ihrer Rendite hat: Das „Aussitzen" von Krisen und den Zinseszinseffekt.

**„Aussitzen" von Krisen** Nehmen wir an, Sie investieren 1000 € in Aktien an. Sie möchten dieses Geld für fünf Jahre investieren und dann die Aktien wieder verkaufen, um Ihr Geld anders zu verwenden. Die Geschichte hat uns gelehrt, dass immer wieder Krisen kommen: große Finanzkrisen wie 2008 oder die Dotcom-Blase 2000, oder auch einfach kleinere Abschwünge. Angenommen, solch eine Krise tritt in genau vier Jahren ein – dann stehen Sie in fünf Jahren da und Ihr Vermögen hat sich womöglich halbiert.

Wenn Sie Ihr Geld aber erst in 15, 25 oder 35 Jahren verwenden möchten, kann es Ihnen herzlich egal sein, ob zwischendurch noch eine oder zwei Krisen stattfinden. Es ist sehr wahrscheinlich, dass Sie trotz Krise eine höhere Rendite erzielen, als wenn Ihr Geld nur auf dem Girokonto gelegen hätte. Sie sollten Ihre Aktien allerdings rechtzeitig verkaufen, *bevor* Sie das Geld brauchen – auch nach 25 Jahren möchten Sie nicht genau auf dem Höhepunkt der Krise (und damit dem Tiefpunkt der Aktienkurse) verkaufen. Der richtige Zeitpunkt für den Kauf und Verkauf von Aktien wird in Abschn. 6.3 beschrieben.

**Zinseszinseffekt** Zinseszins heißt, dass Sie auf Ihre Zinsen im nächsten Jahr auch Zinsen bekommen. Dadurch wächst Ihr Vermögen mit fortschreitender Zeit immer schneller. Der Zinseszinseffekt entfaltet seine Wirkung erst so richtig, wenn er über einen langen Zeitraum wirken kann. Er ist wie ein Schneeball, der über ein verschneites Feld gerollt wird: Am Anfang ist er noch klein, aber je größer er wird, umso schneller wächst er.

Nehmen wir an, Sie erzielen auf Ihre 1000 € Investition eine durchschnittliche Rendite von fünf Prozent pro Jahr. In Abb. 4.7 ist gut ersichtlich, dass diese 1000 € bei fünf Prozent jährlicher Verzinsung in den ersten fünf Jahren insgesamt 276 € Rendite bringen. Nehmen wir nun an, dass Sie diese 1000 € stattdessen für 30 Jahre investiert lassen und wie gehabt jedes Jahr 5 % Rendite bekommen. In den letzten fünf Jahren belaufen sich die Zinsen auf insgesamt 1523,97 €. Das ist mehr als das Fünffache dessen,

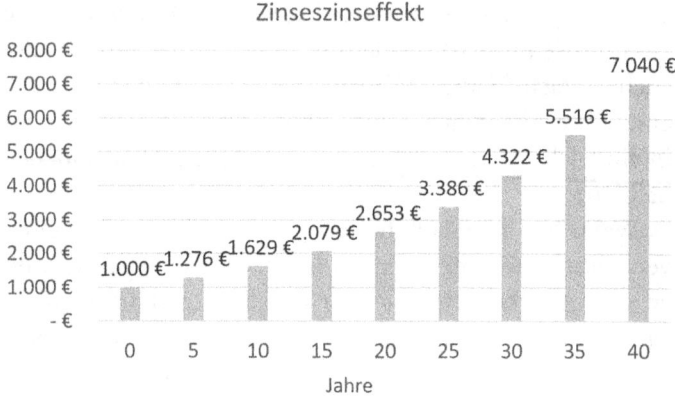

**Abb. 4.7** Zinseszinseffekt

was Sie in den ersten fünf Jahren erhalten haben – in derselben Zeitspanne! Der Schneeball wächst immer schneller, da der Gewinn aus den ersten Jahren nun ebenfalls Gewinn abwirft. Deshalb ist es so wichtig, möglichst früh anzufangen – auch vermeintlich kleine Beträge werfen auf lange Sicht hohe Renditen ab. Die Rendite steigt bei gleichbleibendem Risiko.

### Risikostreuung

> Lege nicht alle Eier in einen Korb.

Nehmen wir erneut an, Sie investieren 1000 € in Aktien. Sie kaufen für die gesamte Summe Aktien von einem Unternehmen. Wenn dieses Unternehmen sich fantastisch entwickelt und Gewinne schreibt, haben Sie natürlich gewonnen. Aber dieses Unternehmen kann auch in große Schwierigkeiten geraten und sogar pleitegehen. Dann ist das ganze Vermögen verloren.

Nehmen wir nun an, Sie kaufen für die 1000 € Aktien von nicht nur einem Unternehmen, sondern von 100 oder gar 1000 oder mehr Unternehmen. Dann ist es überhaupt nicht schlimm, wenn ein einzelnes dieser Unternehmen in wirtschaftliche Schwierigkeiten gelangt. Und wenn Sie noch in andere Anlageklassen als in Aktien investieren, trifft es Sie noch weniger, wenn die Aktienkurse fallen. Das ist mit **Risikostreuung** gemeint: Es ist schlauer, viele kleine Investitionen zu tätigen, als wenige Große. Wie Sie das umsetzen können, erfahren Sie in Kap. 5.

## 4.4 Verschiedene Anlageklassen

Zeit ist nicht nur eine wichtige Verbündete, weil sie unsere Rendite erhöht, ohne das Risiko zu erhöhen. Sie hilft uns auch bei der Orientierung im Dschungel der verschiedenen Anlageklassen. Deshalb unterscheiden wir bei unserer Finanzplanung und der damit verbundenen Investitionsstrategie in kurzfristige, mittelfristige und langfristige Investitionen. Hierbei hat der Finanzsektor ein Verständnis dieser Zeiträume, die sich von der Alltagssprache unterscheiden.

> Eine **Geldanlage** ist ein Vermögenswert, der verschiedene Formen haben kann. Hierbei unterscheidet man verschiedene Geldanlageklassen. Eine **Anlageklasse** bündelt verschiedene Anlagen mit ähnlichen Rendite- und Risikoprofilen. Die gängigsten Anlageklassen sind Bargeld, festverzinsliche Wertpapiere (wie z. B. Anleihen), Aktien, Immobilien und Rohstoffe. (Kommer, Souverän investieren mit Indexfonds & ETFs: Wie Privatanleger das Spiel gegen die Finanzbranche gewinnen 2018).

## 4.4.1 Kurzfristige Finanzplanung

Unter **kurzfristig** versteht der Finanzsektor alle Pläne, die Sie in den nächsten fünf Jahren realisieren (und finanzieren) möchten. In diesem Zeitraum bestehen momentan keine seriösen anderen Möglichkeiten, als das Geld bei Zinsen um 0 % auf einem Konto zu parken. Hierbei gibt es drei Kontoarten, die relevant sind.

**Girokonto**
Das Girokonto ist für die meisten von uns das Standardkonto, über das unsere alltäglichen Zahlungen laufen: Gehalt, Miete, Versicherungen. Von solch einem Konto können Überweisungen getätigt sowie empfangen werden. Ein Überweisungsauftrag muss in der Regel übrigens innerhalb eines Arbeitstags ausgeführt werden. Zudem können Sie jederzeit Geld abheben. Leider zahlen die meisten Banken momentan kaum oder gar keine Zinsen – im Gegenteil, immer mehr Banken führen Kontoführungsgebühren ein.

**Tagesgeldkonto**
Das Tagesgeldkonto funktioniert ähnlich wie ein Girokonto. Allerdings können Sie vom Tagesgeldkonto keine Überweisungen tätigen und kein Geld direkt einzahlen. Das läuft über ein Referenz-Konto, normalerweise ein angeschlossenes Girokonto.

Da beim Tagesgeldkonto die Liquidität etwas geringer ist als bei einem Girokonto – Sie können eben nicht einfach eine Überweisung tätigen – sind die Zinsen etwas höher. Allerdings muss man sagen, dass in den jetzigen Niedrigzinszeiten auch auf einem Tagesgeldkonto kaum Zinsen gezahlt werden.

## 4 Kurz-, mittel- und langfristige Finanzplanung

Das Tagesgeldkonto eignet sich hervorragend, um den Notgroschen darauf zu „parken". Dies hat zwei Gründe: Wenn irgendwann die Zinsen wieder steigen, werden sie auf dem Tagesgeldkonto höhere Zinsen bekommen als auf dem Girokonto. Das ist gut, da der Notgroschen somit zumindest nicht von der Inflation aufgefressen wird. Außerdem kommen Sie zwar im Notfall jederzeit an Ihren Notgroschen dran, haben ihn aber dennoch separat und nehmen ihn nicht leichtfertig, um Ihre laufenden Ausgaben zu decken (oder Urlaub zu buchen).

**Festgeldkonto**
Bei einem Festgeldkonto stellen Sie Ihr Geld für einen bestimmten Zeitraum (mindestens einen Monat) der Bank zur Verfügung. Während dieser Zeit können Sie dieses Geld nicht abheben. Das Festgeldkonto hat entweder eine festgelegte Laufzeit, oder eine bestimmte Kündigungsfrist.

Da die Liquidität im Vergleich zum Girokonto geringer ist – Sie kommen nicht so schnell an Ihr Geld – sind die Zinsen etwas höher. Allerdings bekommt man in Deutschland zurzeit selten mehr als 0,5 % Zinsen. Das Festgeldkonto ist daher keine Geldanlage, sondern höchstens zur Überbrückung geeignet. Wenn Sie also wissen, dass Sie in zwei Jahren einen bestimmten Betrag benötigen (weil Sie zum Beispiel eine Ausbildung finanzieren wollen), dann können Sie diesen Betrag für die Zeit auf ein Festgeldkonto legen. Für so eine kurze Zeitspanne ist es nicht empfehlenswert, Geld in Aktien zu investieren, und auf dem Festgeldkonto bekommen Sie immerhin etwas höhere Zinsen als auf dem Giro- oder Tagesgeldkonto.

**Sparkonto**
Sparkonten werden einmal jährlich zum 31. Dezember abgeschlossen und verzinst. Die errechneten Zinsen des abgelaufenen Jahres werden dem Sparguthaben

gutgeschrieben. Dieser Sparstrumpf galt lange Zeit als der Deutschen liebstes Finanzprodukt. Inzwischen haben aber selbst hierzulande die Leute verstanden, dass man nicht zu viel Geld unverzinst liegen lassen sollte.

Für alle diese Kontoformen gilt: Die Zinsen reichen momentan nicht aus, um die Inflation auszugleichen. Ihr Geld ist also immer weniger wert. Für die langfristige Geldanlage eignet sich ein Konto daher nicht. Um unser Geld kurzfristig oder für den Notfall sicher zu verwahren, müssen wir uns aber mit den niedrigen Zinsen abfinden.

Bei der Wahl der passenden Bank gibt es folgende Kriterien zu beachten:

**Service** Welchen Service erwarten Sie von Ihrer Bank? Und was benötigen Sie tatsächlich? Möchten Sie die Möglichkeit haben, mit einer Bankberaterin reden zu können? Dann ist eine Online-Bank, die keine Filialen hat, nicht die richtige Wahl. Wenn Sie jedoch ohnehin nie mit einer Bankberaterin reden, da Sie eine Honorarberatung bevorzugen, dann können Sie getrost die Kosten der „traditionellen" Banken sparen.

**Kosten** Diese Kosten können bei einem Girokonto anfallen:

### Kontoführungsgebühren
In den letzten Jahren haben einige Banken wieder Kontoführungsgebühren eingeführt. Tendenziell haben Banken mit Filialen höhere Kontoführungsgebühren als Online-Banken. Manchmal müssen Sie auch einen regelmäßigen Mindest-Geldeingang haben (beispielsweise durch das Gehalt), damit keine Gebühren entstehen.

### Gebühren, um Dienste auszuführen (Überweisungen tätigen, Geld abheben)
Auch hier sollten Sie sich die Frage stellen: Welche Dienste benötigen Sie, und welche Kosten sind Sie bereit, dafür zu

zahlen? Manche Banken stellen Kosten pro Überweisung in Rechnung, oder gar per ausgeführtem Dauerauftrag. Wenn Sie oft international unterwegs sind, sollten Sie darauf achten, dass Sie im Ausland kostenlos Geld abheben können. Dabei wird häufig unterschieden, ob Sie sich im EU-Ausland aufhalten oder außerhalb der EU.

Es lohnt sich, bei den Kosten genauer hinzuschauen: Wenn Sie beispielsweise 2,50 € pro Monat Kontoführungsgebühren zahlen und zusätzlich 2 € pro Überweisung, sind das schnell 10 € oder mehr im Monat. Das sind im Jahr 120 €. Ist Ihnen der Service, den Ihre Bank bietet, diese Kosten wert?

**Zinsen** Heutzutage gibt es kaum noch Zinsen auf ein Girokonto. Manchmal bekommen Sie auf ein Tagesgeldkonto noch Zinsen, allerdings bewegen sich auch diese im 0,1 %-Bereich. Da gibt es nur minimale Unterschiede.

Es ist außerdem wichtig, auf die Höhe der Verzinsung Ihres Dispositionskredits zu achten. Diese Zinsen zahlen Sie, wenn Sie Ihr Konto überziehen. Die Höhe des Dispositionskredits ist von Bank zu Bank unterschiedlich, von rund 4 % bis 14 % im Jahr ist alles möglich. Da lohnt es sich, genauer hinzuschauen.

**Nachhaltigkeit** Ein weiterer Aspekt, der für immer mehr Menschen Bedeutung gewinnt, ist die Nachhaltigkeit. Mit dem Geld auf einem Girokonto kann die Bank, bei der das Konto ist, machen, was sie möchte. Herkömmliche Banken investieren ihr Geld in alles, was profitabel ist. Das können neue Windkrafträder sein, das können aber auch Rüstungsindustrie oder Kohlekraftwerke sein. Nachhaltige Banken verzichten nicht nur auf Investitionen in diese Bereiche, sie investieren ihr Geld explizit in die Förderung nachhaltiger Produkte. Der Preis für die Nachhaltigkeit sind häufig höhere Gebühren.

**Tab. 4.1** Kurzfristige Finanzplanung (die nächsten fünf Jahre)

| Was? | Wann? | Betrag |
|------|-------|--------|
|      |       |        |
|      |       |        |
|      |       |        |
|      |       |        |
|      |       |        |

Summe:

> **Übersicht**
>
> Hier finden Sie Vergleiche für die verschiedenen Kontoformen:
>
> - Girokonto-Vergleich: https://www.finanztip.de/girokonto/
> - Tagesgeldkonto-Vergleich: https://www.finanztip.de/tagesgeld/
> - Festgeldkonto-Vergleich: https://www.finanztip.de/festgeld-vergleich/

Nun geht es daran, Ihren kurzfristigen Finanzplan zu entwickeln. Nehmen Sie sich einige Minuten Zeit, um die folgende Tab. 4.1 auszufüllen. Was möchten Sie in den nächsten fünf Jahren umsetzen und finanzieren? Seien Sie dabei so spezifisch wie möglich:

- Was kostet ist Ihr Ziel? Welchen Betrag benötigen Sie dafür?
- Wann möchten Sie dieses Ziel erreicht haben?

Hier sind einige Beispiele für Ziele, die Sie haben könnten:

- Finanzierung einer Hochzeit oder eines anderen großen Festes
- Finanzierung der Erstaustattung eines Kindes (oder der Elternzeit)
- Kauf einer Immobilie (und somit Aufbringen des Eigenkapitals)

- Umbau
- Sabbatical, Weltreise, Freiwilligenarbeit
- Fortbildung, Aufbaustudium...

Nehmen Sie nun einmal die Tabelle zur Investitionsentwicklung zur Hand, die Sie auf der Homepage des Female Finance Forums[5] finden. Diese Tabelle zeigt Ihnen, wie sich 2 % Inflation über 40 Jahre auf Ihr Vermögen auswirkt, und welchen Effekt dagegen 5 % Zinsen über dieselbe Zeit haben. Die Tabelle geht davon aus, dass Sie monatlich einen festen Betrag zurücklegen. Nun können Sie genau ablesen, welchen Betrag Sie monatlich beiseitelegen müssen, um Ihre Ziele zu finanzieren.

### 4.4.2 Mittelfristige Finanzplanung

Die mittelfristige Finanzplanung bezieht sich auf den Zeitraum, der ungefähr in fünf Jahren beginnt und bis in 10 Jahren läuft. Hier haben wir nur wenige Möglichkeiten, um höhere Renditen zu erzielen, ohne die Sicherheit aufzugeben. Die Möglichkeiten, die wir haben, sind Anleihen und P2P-Kredite.

**Anleihen**
Eine (Staats- oder Unternehmens-)Anleihe ist ein Kredit, den Sie dem jeweiligen Staat oder Unternehmen geben, von dem Sie eine Anleihe kaufen. Sie sind festverzinsliche Wertpapiere und werden auch als Renten bezeichnet. Ein **Rentenfonds** ist also ein Anleihenfonds. Eine Anleihe hat eine festgelegte Laufzeit sowie eine ebenfalls festgelegte jährliche Zinszahlung. Anleihen gelten als ziemlich

---

[5]https://www.femalefinanceforum.de/wp-content/uploads/2019/02/Sparbetrag_Nullzinsen.pdf

sicher, da sie im Falle eines Unternehmenskonkurses **vorrangig** behandelt werden. Eine Anleihe wird also auch im Insolvenzfall zurückbezahlt, sofern das Unternehmen die nötigen Mittel aufbringen kann; eine Aktie (Abschn. 4.4.3) dagegen würde in so einem Fall komplett ausfallen.

**Beispiel**
Stellen Sie sich vor, Sie besitzen Aktien und Anleihen eines großen Unternehmens beispielsweise aus der Automobilbranche. Nehmen wir an, dieses Unternehmen würde Insolvenz anmelden. Das Unternehmen ist zwar pleite, hat aber noch viele Wertgegenstände wie Maschinen, Patente oder Prototypen. Diese Wertgegenstände verkauft es; aus dem Erlös werden zuerst die Anleihen zurückgezahlt, und zuletzt die Aktien.

Die Wahrscheinlichkeit, dass Sie Ihre Anleihen-Investition im Insolvenzfall zurückbekommen, ist also relativ hoch; die Wahrscheinlichkeit, Ihre Aktien-Investition zurückzubekommen, relativ gering.

**P2P-Kredite**
P2P-Kredite („Peer to Peer-Kredite") sind Kredite, die direkt von Privatpersonen an Privatpersonen oder an Firmen vergeben werden. Die Besonderheit ist, dass kein Finanzinstitut wie eine Bank als Vermittler zwischen den beiden Parteien auftritt. Es gibt lediglich eine Plattform, die den Kontakt herstellt. Der Kredit läuft über eine festgelegte Laufzeit und bringt festgelegte Zinsen. Das Unternehmen bekommt einen Kredit zu günstigeren Konditionen als bei einer Bank; wir als Investorin erzielen eine höhere Rendite als auf einem Konto. Allerdings kann es als Investorin schwierig sein, die Details des Kreditnehmers zu durchschauen. Außerdem kommt die höhere mögliche Rendite aufgrund des höheren Risikos:

## 4 Kurz-, mittel- und langfristige Finanzplanung

Kleine Unternehmen oder Privatpersonen werden häufiger zahlungsunfähig als große, etablierte Unternehmen. Daher ist es wichtig, eine zuverlässige Plattform zu finden sowie in verschiedene Projekte zu investieren, um das Risiko zu streuen. Außerdem ist es empfehlenswert, P2P-Kredite nur als Beimischung zu einem breit gestreuten Investmentportfolio zu sehen und nicht mehr als 10 % des Vermögens in P2P-Kredite zu investieren.

> **Übersicht**
>
> Die größten Plattformen in Deutschland sind
>
> - https://www.mintos.com/en/
> - https://www.bondora.com/de
> - https://www.auxmoney.com
>
> Im Nachhaltigkeitssektor sind diese Plattformen führend:
>
> - https://www.bettervest.com/
> - https://www.wiwin.de/
>
> Weiterführende Informationen finden Sie hier:
>
> - https://crowdinvesting-compact.de/crowdinvesting-plattformen/
> - https://www.p2p-kredite.com
> - https://passives-einkommen-mit-p2p.de
> - https://finanzrocker.net/p2p-plattformen-im-vergleich-meine-erfahrungen-mit-6-anbietern-nach-3-jahren/

Nehmen Sie sich auch für diesen Zeitraum einige Minuten Zeit, um die nachfolgende Tab. 4.2 auszufüllen. Seien Sie wieder so spezifisch wie möglich:

- Was kostet ist Ihr Ziel? Welchen Betrag benötigen Sie dafür? (Beispiele!)
- Wann möchten Sie dieses Ziel erreicht haben?

**Tab. 4.2** Mittelfristige Finanzplanung (die nächsten fünf bis 10 Jahre)

|   |   |   |
|---|---|---|
|   |   |   |
|   |   |   |
|   |   |   |
|   |   |   |
|   |   |   |
|   |   | Summe: |

Hier sind erneut einige Beispiele für Ziele, die Sie haben könnten:

- Finanzierung einer Hochzeit oder eines anderen großen Festes
- Finanzierung der Erstausstattung eines Kindes (oder der Elternzeit)
- Kauf einer Immobilie (und somit Aufbringen des Eigenkapitals)
- Umbau
- Sabbatical, Weltreise, Freiwilligenarbeit
- Fortbildung, Aufbaustudium…

Schauen Sie nun wieder in die Tabelle und addieren Sie die hier aufgestellten monatlichen Sparbeträge zu Ihren Sparbeträgen aus Tab. 4.1 hinzu.

## 4.4.3 Langfristige Finanzplanung

Unter langfristiger Geldanlage versteht man alle Investitionen mit einem Investitionshorizont, der mindestens 10 Jahre beträgt. Hierunter fällt auch die private Altersvorsorge, die bei jungen Investorinnen durchaus auch 20, 30 oder noch mehr Jahre betragen kann. Auch bei der Altersvorsorge gilt: Je früher, umso besser, denn umso stärker kann der Zinseszinseffekt wirken.

## Aktien

Wenn Sie die Aktie eines Unternehmens besitzen, gehört Ihnen ein Anteil an diesem Unternehmen. Sie können sich das so vorstellen, dass Ihnen vielleicht ein Stuhl, ein Computer oder ein Gebäudeteil gehört. Sie haben dadurch das Recht, bei der jährlichen Hauptversammlung Ihre Stimme hinsichtlich der zukünftigen Ausrichtung des Unternehmens abzugeben. Ihre Gewinne setzen sich aus zwei Aspekten zusammen: 1) Dem **Kursgewinn** Ihrer Aktie. Wenn ein Unternehmen sich positiv entwickelt, steigt der Wert dieses Unternehmens und damit der Wert der Aktien, die Sie besitzen. Wenn Sie diese Aktien dann zu diesem höheren Wert verkaufen, machen Sie Gewinn. Allerdings ist das „Problem" bei Aktien: Der Wert eines Unternehmens, und damit sein Aktienkurs, kann auch deutlich sinken. Wenn Sie zu genau diesem Zeitpunkt verkaufen, machen Sie gegebenenfalls Verluste. 2) Der **Dividende,** die den Anteilseignerinnnen ausgeschüttet wird. Der Gewinn eines Unternehmens wird (zumindest zum Teil) an die Aktionärinnen ausgeschüttet, normalerweise kurz nach der Hauptversammlung.

## Immobilien

Die am weitesten verbreitete Form der Immobilieninvestition ist das Eigenheim. In Deutschland ist es wichtig, zwischen dem Wohneigentum zur Eigennutzung und dem Eigentum als Investition zu unterscheiden. Der Kauf einer Immobilie, um sie zu vermieten, ist rein finanziell betrachtet sinnvoller als der Kauf eines Eigenheims für den Eigenbedarf. Das liegt an vielen Steuervorteilen und anderen finanziellen Spielräumen, die Vermieterinnen genießen. Allerdings müssen Sie eine Investitions-Immobilie mindestens 10 Jahre behalten, wenn Sie die Spekulationssteuer vermeiden möchten.

**Tab. 4.3** Langfristige Finanzplanung (mehr als 10 Jahre)

| | | |
|---|---|---|
| | | |
| | | |
| | | |
| | | |
| | | |
| | | |

Summe:

Neben den rein finanziellen Gründen gibt es natürlich viele emotionale Aspekte, die in die Entscheidung für oder gegen ein Eigenheim sprechen. Für die Berechnung der finanziellen Aspekte eines Eigenheims im Vergleich zur Mietwohnung bietet die New York Times einen hilfreichen Rechner[6].

Auch für die langfristige Finanzplanung sollten Sie sich nun ein wenig Zeit nehmen und die folgende Tab. 4.3 ausfüllen. Hier stellen sich wieder dieselben Fragen:

- Was kostet ist Ihr Ziel? Welchen Betrag benötigen Sie dafür?
- Wann möchten Sie dieses Ziel erreicht haben?

Hier könnten die Ziele etwas anders aussehen als in den vorherigen beiden Zeiträumen, zum Beispiel:

- Finanzierung einer 4-Tage-Woche bei gleichbleibendem Lebensstandard
- Finanzielle Freiheit erreichen (Näheres hierzu erfahren Sie im Exkurs: Finanzielle Freiheit)
- Ihren Kindern zum 18. Geburtstag ein Auto schenken
- Ihren Kindern die Ausbildung finanzieren

---

[6]https://www.nytimes.com/interactive/2014/upshot/buy-rent-calculator.html

# 4 Kurz-, mittel- und langfristige Finanzplanung

**Abb. 4.8** Überblick über die Zeithorizonte der verschiedenen Anlageklassen

Nehmen Sie sich nun nochmal die Tabelle mit der Investitionsentwicklung vor. Hier sehen Sie, wie sich Ihr monatlicher Sparbetrag bei einer Rendite von 4 % jährlich entwickelt. Dies ist eine realistische Aktienrendite nach Inflation und Kosten.

In Abb. 4.8 sind die verschiedenen Anlageklassen mit den zu ihnen passenden Zeithorizonten aufgezeigt.

## 4.5 Exkurs: Finanzielle Freiheit

Falls Ihr Ziel ist, regelmäßig einen konkreten Betrag ausbezahlt zu bekommen (z. B. um eine Reduktion der Arbeitszeit zu finanzieren), können Sie in Tab. 4.4 berechnen, wie groß Ihr Vermögen sein muss, um Ihnen aus den Erträgen deinen gewünschten Betrag auszahlen zu lassen. Dabei ist das Ziel, **nur von der Rendite** gebraucht zu machen und das zugrundeliegende Vermögen unberührt zu lassen! Diese finanzielle Freiheit – nicht mehr auf die Erwerbstätigkeit für die Finanzierung der Lebenshaltungskosten angewiesen zu sein – können Sie konkret berechnen und so in ein greifbares Ziel

**Tab. 4.4** Finanzielle Freiheit

| |
|---|
| Betrag, den Sie monatlich ausgezahlt bekommen möchten |
| Jährlicher Betrag (12 × Monatsbetrag) |
| Höhe der Rendite (z. B. 5 %) |
| Gesamtbetrag, den Sie hierfür an Vermögen besitzen müssen (jährlicher Betrag/0,05) |

Eine Excel-Tabelle, die diese Berechnung automatisch durchführt, können Sie auf der Homepage des Female Finance Forums herunterladen (http://www.femalefinanceforum.com/wp-content/uploads/2018/03/Female-Finance-Forum_Finanzielle-Freiheit.xlsx)

verwandeln. Dabei kann die finanzielle Freiheit sowohl vollständig, als auch teilweise angestrebt und erreicht werden. Vollständige finanzielle Freiheit heißt, Sie bestreiten Ihren gesamten Lebensunterhalt von der Rendite Ihres Vermögens und gehen nicht mehr oder nur freiwillig einer bezahlten Arbeit nach. Teilweise finanziell freie Menschen bestreiten dagegen einen Teil ihrer Ausgaben aus dem Gewinn, den ihr Vermögen erwirtschaftet, und sind damit in der Lage, ihre Arbeitszeit zu reduzieren oder freiwillig in Vollzeit erwerbstätig zu sein mit dem Wissen, dass sie jederzeit reduzieren könnten. Dieses Wissen kann die psychische Belastung der Arbeit stark reduzieren, weil kein Zwang mehr besteht.

**Beispiel**
Sie möchten in 30 Jahren auf eine 4-Tage-Woche reduzieren. Ab diesem Zeitpunkt möchten Sie monatlich 500 € beziehen, um Ihren Lebensstandard beibehalten zu können. Diese 500 € möchten Sie rein aus Ihrer Rendite finanzieren (also Zinsen oder Kursgewinne); **der Grundbetrag Ihres Vermögens soll sich hierdurch nicht reduzieren!** In Tab. 4.5 sehen Sie die Zahlen, die Sie hierfür kennen müssen.

## 4 Kurz-, mittel- und langfristige Finanzplanung

**Tab. 4.5** Beispielrechnung: Benötigtes Vermögen für eine Rente auf Lebenszeit in Höhe von 500 € monatlich

| | |
|---|---|
| Betrag, den Sie monatlich ausgezahlt bekommen möchten | 500 € |
| Jährlicher Betrag (12 × Monatsbetrag) | 6000 € |
| Höhe der Rendite (z. B. 5 %) | 0,05 |
| Gesamtbetrag, den Sie hierfür an Vermögen besitzen müssen (jährlicher Betrag/0,05) | 6000 €/0,05 = 120.000 € |

Wenn Sie 120.000 € mit 5 % jährlicher Rendite anlegen, können Sie sich jeden Monat 500 € auszahlen, ohne dass sich Ihr Vermögen – die 120.000 € – jemals verringert!

Nehmen Sie nun nochmal die Tabelle der Investitionsentwicklung[7] zur Hand. Hier sehen Sie: Wenn Sie monatlich 150 € sparen und dieses Geld bei durchschnittlich 5 % Rendite anlegen, haben Sie nach 30 Jahren 125.000 € angespart! Wenn Sie dagegen das Geld auf einem Sparkonto bei 0 % Zinsen parken und von 2 % jährlicher Inflation ausgehen, müssen Sie bei 30 Jahren fast 500 € monatlich beiseitelegen, um auf denselben Betrag zu kommen.

Diese Zahlen sind natürlich nur Näherungswerte. Eine Rendite von 5 % ist mit einer breit gestreuten Investition am Aktienmarkt in den letzten Jahrzehnten gut erreichbar gewesen. Niemand weiß allerdings, wie es in den nächsten Jahren weitergeht. Es ist ratsam, einen gewissen Puffer aufzubauen, also ein größeres Vermögen oder eine kleinere Entnahmesumme. Ein klares Ziel vor Augen hilft uns, dieses Ziel zu erreichen.

---

[7] https://www.femalefinanceforum.de/wp-content/uploads/2019/02/Sparbetrag_Nullzinsen.pdf

# 5

# Investieren an der Börse

**Zusammenfassung** Eine Investition an der Börse ist eine gute Möglichkeit für die langfristige Geldanlage. In diesem Kapitel wird zunächst die Funktionsweise der Börse erläutert. Daraufhin werden verschiedene Strategien dargelegt und die jeweiligen Vor- und Nachteile beleuchtet. Den Schwerpunkt des Kapitels bildet die Funktionsweise von passiven Indexfonds, ETFs.

Für den langfristigen Vermögensaufbau und für die Altersvorsorge eignet sich eine Investition in Aktien oder Anleihen sehr gut. Ein großer Vorteil gegenüber der Investition in Immobilien ist die Möglichkeit, bereits mit kleinen Beträgen zu starten und dafür dennoch eine breite Risikostreuung zu erzielen. Außerdem lag die durchschnittliche Rendite von Aktien zwischen 1990 und 2016 bei 8 % pro Jahr; das ist eine Rendite, wie sie bei vergleichbarem Risiko und vergleichbarer Höhe der Investition mit kaum einer anderen Anlageklasse erzielt werden kann.

**Hintergrundinformation**

Rückblickend lässt sich die Rendite verschiedener Anlageklassen gut vergleichen. Die Finanzexperten Dimson, Marsh und Staunton betrachten in ihrer jährlichen Studie die reale Rendite zwischen 1900 und 2018. „Real" heißt, dass die Inflation bereits abgezogen ist. Wenn in einem Jahr der Aktienmarkt um 5 % steigt, die Inflation in diesem Jahr aber 1,9 % beträgt, liegt die reale Rendite bei 3,2 % (5 %–1,9 %). Die Wissenschaftler untersuchen die reale Rendite von Aktien und Anleihen in 23 verschiedenen Ländern.

Zwischen 1900 und 2018 sind Aktien im Durchschnitt um 5 % nach Abzug der Inflation gestiegen. Im selben Zeitraum haben Anleihen nur 1,9 % Rendite gebracht.

Im Zeitraum von 1969 bis 2018 sieht das Bild anders aus: Aktien haben 4,7 % reale Rendite gebracht. Anleihen haben sich in dieser Zeit fast ebenso stark entwickelt und sind um 4,4 % gestiegen.

Betrachtet man nur die Jahre von 2000 bis 2018, ist die Lage nochmal anders: Aktien sind in diesem Zeitraum um 2,1 % gestiegen, Anleihen dagegen um 4,6 %. Insbesondere die Dotcom-Blase[1] im Jahr 2000 und die große Finanzkrise 2008[2] haben den Aktienmärkten große Verluste beigebracht.

In diesem Zeitraum lag die durchschnittliche Inflationsrate bei etwa 2,9 % jährlich. Die „nominale" Rendite, also das, was wir auf unserem Kontoauszug sehen, lag also um 2,9 % höher. Zwischen 1900 und 2018 haben Aktien also durchschnittlich 7,9 % „sichtbaren" Gewinn gebracht.

Diese unterschiedlichen Entwicklungen verdeutlichen, weshalb für viele Menschen eine Mischung aus Aktien und Anleihen sinnvoll sein kann (vgl. Abschn. 6.1.1).

---

[1] Einen Rückblick auf die Dotcom-Blase finden Sie hier: https://www.tagesschau.de/wirtschaft/boerse/dotcom-blase-101.html.
[2] Einen Rückblick auf die Finanzkrise 2008 und den Verlauf seither finden Sie hier: https://www.tagesschau.de/wirtschaft/chronologiefinanzmarktkrise100.html.

## 5.1 Die Börse verstehen

### 5.1.1 Geschichte der Börse

Die Börse hat ihren Namen vom Platz „ter buerse" in Belgien, benannt nach der Familie „van der Beurse". Dieser Platz war ein wichtiger Marktplatz, auf dem Waren aus der gesamten Region gehandelt wurden. Die vielen verschiedenen Währungen, die zu dieser Zeit verbreitet waren, machten den Handel jedoch sehr kompliziert, zumal es keinen festgelegten Wechselkurs zwischen den verschiedenen Währungen gab. Man wusste also nie, wie viel man in seiner eigenen Währung für eine Ware zahlen würde, selbst wenn der Preis der Ware festgelegt war. Im Jahr 1585 haben Frankfurter Messekaufleute einheitliche Wechselkurse festgelegt; dieses Ereignis gilt heute als Geburtsstunde der Frankfurter Börse. Es gibt die Börse also bereits seit mehr als 400 Jahren (Börse Frankfurt 2019).

### 5.1.2 Funktionsweise der Börse

Die Börse funktioniert wie jeder andere Marktplatz: Die Käuferin, die etwas kaufen möchte, und die Produzentin, die etwas zum Verkauf anbietet, treffen sich auf diesem Marktplatz. Die Börse ist vergleichbar mit einem Supermarkt. Eine Landwirtin hat Kartoffeln im Angebot, die sie verkaufen möchte. Sie bietet diese Kartoffeln dem Supermarkt an, der für sie den Verkauf der Kartoffeln an uns als Konsumentinnen organisiert. Die Landwirtin hat den Vorteil, dass sie nicht mit jeder Käuferin einzeln handeln muss, und wir Käuferinnen haben den Vorteil der großen Auswahl und des unkomplizierten Zugangs zu den Kartoffeln. Außerdem können wir im Supermarkt nicht nur eine

Sorte Kartoffeln kaufen, sondern verschiedene Kartoffelarten und zudem Karotten, Äpfel und viele andere Dinge.

Die Börse hat die Funktion des Supermarkts; sie bringt Käuferinnen und Verkäuferinnen zusammen. Anstelle von Kartoffeln werden an der Börse Aktien, Anleihen und andere Finanzinstrumente gehandelt. Die Käuferinnen sind Investorinnen wie wir, die für ihr Geld Aktien kaufen möchten. Die Landwirtin ist im Fall der Aktie ein Unternehmen, das Geld benötigt und dafür Anteile des Unternehmens, also Aktien, verkauft.

Börsen haben in Deutschland einen öffentlichen Auftrag, der besagt, dass sie den „ordnungsgemäßen Handel, Transparenz und die Gleichbehandlung der Marktteilnehmer gewährleisten" sollen (Gruppe Deutsche Börse 2019). Sie greifen also nicht in den Handel ein und handeln nicht selbst, sondern agieren als Handelsplattform. Die Börse wird von der Börsenaufsicht überwacht, was in Deutschland die Wirtschafts- oder Finanzministerien der Bundesländer sind. Eine weiterführende Erklärung der Funktionsweise der Börse finden Sie hier[3].

An der Börse werden Wertpapiere und andere Finanzinstrumente gehandelt. **Emittenten,** also Herausgeber von Wertpapieren, sind in den meisten Fällen Unternehmen (im Fall von Aktien oder Unternehmensanleihen) oder Staaten, Bundesländer und Kommunen (im Fall von Staats-, Landes- oder kommunalen Anleihen). Ein Unternehmen bringt eine Aktie auf den Markt, um dafür Geld zu bekommen, durch das es wachsen oder wichtige Investitionen tätigen kann. **Investorinnen** kaufen diese Aktien und handeln sie an der Börse, um ihr Geld anzulegen, sich gegen zukünftige Entwicklungen abzusichern oder unternehmerische Strategien

---

[3]https://deutsche-boerse.com/dbg-de/regulierung/deutsche-boerse-aktuell/boersengeschichte

zu verfolgen. Als Investorin können Sie also Unternehmen unterstützen und gleichzeitig am Wachstum des Unternehmens teilhaben und davon profitieren. Wenn Sie Ihr Geld wieder brauchen, können Sie die Aktien jederzeit verkaufen.

> Als Investorin unterstützen Sie Unternehmen, die Sie als unterstützenswert erachten, und profitieren gleichzeitig von deren Wachstum.

### 5.1.3 Investition oder Spekulation?

Investieren an der Börse wird häufig mit Spekulation gleichgesetzt. Mit einem langfristigen Zeithorizont ist eine Aktieninvestition keine Spekulation, sondern Strategie. Allerdings gibt es unterschiedliche Aspekte, die die Börse bewegen.

**Kurzfristige Kursentwicklung**
Kurzfristig wird die Börse von Emotionen getrieben: Gier und Angst sind die stärksten vertretenen Emotionen. Kurzfristig ist die Börse eine Achterbahnfahrt, die von irrationalen Entscheidungen beeinflusst wird. Die kurzfristige Kursentwicklung eines Unternehmens sagt nichts oder nur wenig über die zugrunde liegende Tragfähigkeit und Zukunftsfähigkeit des Unternehmens aus. Der Preis einer Aktie und der Wert des Unternehmens können möglicherweise weit voneinander entfernt liegen.

**Langfristige Kursentwicklung**
Langfristig betrachtet spiegelt der Aktienkurs den echten Wert eines Unternehmens wider. Hier ist es also Strategie, wertvolle Unternehmen auszuwählen. Spekulation wäre ein Wettgeschäft auf eine zufällige Entwicklung in der Zukunft.

An der Börse wird die Zukunft gehandelt. – Jessica Schwarzer

Kurzfristige Börsenschwankungen sollten uns also nicht verunsichern, wenn wir der Meinung sind, dass das Unternehmen langfristig Potenzial hat.

## 5.2 Investieren in Aktien und Anleihen

Aktien und Anleihen eigenen sich besonders für die langfristige Geldanlage. Der Vorteil gegenüber Immobilien ist der niedrige Betrag, der für den Einstieg benötigt wird.

Wenn Sie Aktien von einem Unternehmen kaufen, müssen Sie dieses Unternehmen sehr gut auswählen. Wenn Sie richtig liegen, vervielfacht sich Ihre Investition. Es ist aber auch möglich, dass Sie Pech und kein so glückliches Händchen hatten und sich Ihre anfängliche Investition halbiert oder gar – bei Insolvenz des Unternehmens – ganz verschwindet. Wie bereits in Abschn. 4.3 erwähnt, sollten Sie sich mit Ihrer Geldanlage breit aufstellen und diversifizieren, um das Verlustrisiko zu minimieren. Bei Aktien heißt das, dass Sie nicht nur Aktien eines einzelnen Unternehmens kaufen, sondern von vielen Unternehmen aus möglichst vielen verschiedenen Branchen und Regionen. Entweder haben Sie viel Zeit und Geld, um selbst diese Unternehmen auszuwählen und die Aktien zu kaufen. Oder Sie investieren in einen Aktienfonds[4], der Aktien dieser Unternehmen kauft.

---

[4]Im Folgenden wird der Einfachheit halber hauptsächlich über Aktienfonds gesprochen. Dies dient nur der leichteren Sprache; Anleihenfonds, Mischfonds (eine Mischung aus Anleihen und Aktien) und andere Fonds (z. B. Immobilienfonds) funktionieren vom Prinzip her genau gleich.

Ein Fonds bündelt das Geld vieler Anlegerinnen und investiert dieses Geld in Aktien oder Anleihen. Als Investorin gehört Ihnen ein Anteil der in dem Fonds vorhandenen Aktien. Der große Vorteil von Fonds: Mit kleinen Beträgen – teilweise bereits ab 25 € – können Sie in den weltweiten Aktien investieren und so Anteile an teilweise mehreren Tausend Unternehmen halten. Wenn Sie diese Aktien alle einzeln kaufen wollten, bräuchten Sie viel Geld und Zeit.

Unter diesen vielen Unternehmen sind vermutlich einige dabei, die überdurchschnittlich schnell wachsen und hohe Gewinne abwerfen. Vermutlich sind aber auch einige Unternehmen dabei, die nur sehr langsam wachsen oder vielleicht gar nicht. Und es gibt eine breite Masse, die durchschnittlich viel Gewinn abwirft. Mit einem Fonds investieren Sie in alle diese Unternehmen; die Rendite, also der Wertzuwachs eines Fonds ist daher auch durchschnittlich. Allerdings ist das Risiko, dass alle diese Unternehmen gleichzeitig pleitegehen, sehr gering. Sie haben also ein geringes Risiko des Totalverlusts, daher auch eine niedrigere potenzielle Rendite. Allerdings profitieren Sie immer noch von der durchschnittlichen Rendite des Aktienmarktes. Wenn Sie direkt Aktien von Unternehmen kaufen, besteht das Risiko, dass Ihre Investition komplett verschwindet, ebenso wie die Chance, dass Sie das schnellste Rennpferd identifiziert haben und jetzt an dessen Wachstum teilhaben.

Statistisch ist klar belegt, dass es für die private, uninformierte Investorin profitabler und günstiger ist, in einen Fonds zu investieren. Dies liegt auch daran, dass Sie viel Zeit aufbringen müssten, um immer wieder das nächste schnellste Pferd zu identifizieren. Zudem verlangen Banken höhere Gebühren für Aktienkäufe als für Investitionen in einen Fonds.

Der größte Vorteil der Investition in einzelne Unternehmen liegt darin, dass Sie so Ihr Stimmrecht als Aktionärin,

**Tab. 5.1** Investition in Einzelaktien oder einen Aktienfonds

| Einzelaktien | Aktienfonds |
|---|---|
| Durchschnittliche Performance | Performance kann fantastisch sein, kann aber auch null sein |
| Breite Risikostreuung | Risikostreuung ist teuer zu erkaufen |
| Minimaler Zeitaufwand | Zeitintensiv |
| Kostengünstig | Kostenintensiv |
| Keine Möglichkeit der Mitbestimmung | Möglichkeit, Ihr Stimmrecht auszuüben |
| **Super, wenn Sie mit möglichst geringem Aufwand und niedrigen Kosten eine gute Rendite erwirtschaften möchten** | **Super, wenn Sie Finanzen zu Ihrem neuen Hobby machen wollen UND Sie ein gutes Händchen haben** |

also als Anteilseignerin des Unternehmens, ausüben können. Durch die Investition über einen Fonds geben Sie dieses Stimmrecht ab. Manchmal übt die Fondsmanagerin dieses Recht aus, häufig jedoch nicht.

In Tab. 5.1 sind die Unterschiede zwischen einer Investition in Einzelaktien und einer Investition in einen Aktienfonds dargestellt.

> Für alle Investitionen in Aktien oder Anleihen gilt: Dieses Geld ist **Sondervermögen**. Die Bank, bei der Sie Ihr Depot[5] haben, ist nur der Mittelsmann zwischen Ihnen und den Unternehmen; sie verwaltet Ihr Geld lediglich. Wenn diese Bank insolvent gehen sollte, liegt Ihr Vermögen weiterhin in den Unternehmen. Die Bank muss dafür sorgen, dass Ihre Aktien von einer anderen Bank verwaltet werden. Für Sie bedeutet das keinen Verlust Ihres Vermögens.

---

[5]Ein Depot funktioniert wie ein Konto, mit dem Unterschied, dass Sie keine Überweisungen tätigen, sondern an der Börse handeln. Ein Online-Depot ist genauso leicht zugänglich und zu verstehen wie ein Online-Konto. Genaue Informationen zur Auswahl Ihres Depots und wie Sie ein Depot eröffnen, finden Sie in Abschn. 6.4.

## 5.3 Investieren in Fonds

Wenn Sie sich entscheiden, in einen Aktienfonds zu investieren, gibt es zwei große Unterschiede: aktive Fonds und passive Fonds.

### 5.3.1 Aktive Fonds

Aktive Fonds sind die herkömmlichen, „normalen" Fonds. Sie werden als „aktiv" bezeichnet, weil es eine Fondsmanagerin gibt, die aktiv entscheidet, welche Aktien in dem Fonds enthalten sein sollen und diese Zusammensetzung bei Bedarf und durch Zu- und Verkäufe immer wieder anpasst. Sie versucht also, die besten Unternehmen zu identifizieren und gleichzeitig Marktbewegungen vorherzusagen, um zum richtigen Zeitpunkt zu kaufen oder zu verkaufen.

### 5.3.2 Passive Fonds

Passive Fonds haben ihren Namen erhalten, weil es keine aktive Fondsmanagerin gibt, sondern diese Fonds einer klar vorgegebenen Regel folgen, ohne diese zu hinterfragen. Diese Regeln sind Indizes, die auf Definitionen beruhen. Daher werden passive Fonds auch als **Indexfonds** bezeichnet. Ein solcher Index ist der **Deutsche Aktienindex,** der DAX. Der DAX definiert sich als die 30 größten, deutschen, börsennotierten Unternehmen. Es wird also nicht vorgegeben, welche konkreten Unternehmen in diesem Index und dem darauf basierenden Fonds enthalten sein sollen, sondern es werden die Regeln des Index vorgegeben (im Fall des DAX eben die 30 größten deutschen Unternehmen). Die Unternehmen, die im DAX enthalten sind, können sich daher ändern. Beispielsweise hat sich

Ende 2018 die Zusammensetzung des DAX verändert: Die Commerzbank wurde von Wirecard aus der Liste der 30 größten Unternehmen verdrängt. Die zugrunde liegende Definition des DAX hat sich dabei nicht verändert, sondern lediglich die Unternehmen, auf die diese Definition zutrifft.

Ein Indexfonds bildet also per Definition den Durchschnitt ab. Es findet keine Auswahl bestimmter Unternehmen statt. Wenn der zugrunde liegende Index, beispielsweise der DAX, um 6 % nach oben klettert, wird auch ein Indexfond auf den DAX um 6 % steigen.

### 5.3.3 Vergleich: Aktiver oder Passiver Fonds?

Intuitiv gehen die meisten Menschen davon aus, dass ein aktiver Fonds die bessere Wahl ist als ein passiver Fonds. Schließlich ist dort eine fähige Fondsmanagerin damit beauftragt, die Stabilität und die Rendite des Fonds zu maximieren. Natürlich behauptet jede Investorin von sich, den Markt zu schlagen. Das ist schon rein rechnerisch nicht möglich: Wenn eine Fondsmanagerin besser ist als der Marktdurchschnitt, muss es auch mindestens eine Managerin geben, die schlechter ist. Außerdem haben Fondsmanagerinnen normale menschliche Emotionen, die an der Börse jedoch nichts zu suchen haben: Kurzfristig werden die Börsenkurse von Gier und Angst getrieben. Hierdurch entstehen rapide Kursstürze oder spekulative Blasen, die die Kurse kurzzeitig in die Höhe oder in die Tiefe treiben. Langfristig bildet der Börsenkurs den Wert eines Unternehmens ab. Da unser Investitionshorizont langfristig ist – mindestens zehn Jahre, lieber länger –, sollten wir die kurzfristigen Kursschwankungen und somit unsere Emotionen ausblenden.

Neben den Emotionen, vor denen auch Fondsmanagerinnen nicht geschützt sind, haben Spezialistinnen häufig „blinde Flecken": Eine Fondsmanagerin, die auf den US-amerikanischen Markt spezialisiert ist, übersieht vielleicht, dass sich in einer anderen Region eine Wirtschaftskrise entwickelt. Da die Finanzmärkte und die Wirtschaftsverflechtungen grenzübergreifend vernetzt sind, hat eine Krise in einer anderen Region möglicherweise oder wahrscheinlich auch Auswirkungen auf die US-amerikanische Wirtschaft. Diese Krise von außen übersieht eine spezialisierte Expertin möglicherweise.

> Erfolg an der Börse hat nichts mit Intelligenz zu tun. Du brauchst nur eine durchschnittliche Intelligenz – solange du in der Lage bist, Gefühle wie Angst und Gier zu kontrollieren, die andere Investoren in Schwierigkeiten bringen.
> – Warren Buffet

Tatsächlich ist es so, dass es zwar immer wieder Fondsmanagerinnen gibt, die ein, zwei oder auch fünf Jahre lang besser sind als der Durchschnitt. Über einen langen Zeitraum schafft es aber nur ein kleiner Prozentsatz der Fondsmanagerinnen, kontinuierlich besser als der Durchschnitt zu sein. Nur gut 10 % der europäischen Aktienfonds waren in den Jahren von 2007 bis 2017 kontinuierlich besser als der Durchschnitt (Kommer 2018b).

Die meisten aktiven Fonds sind also schlechter als ein vergleichbarer passiver Fonds, insbesondere über eine lange Laufzeit. Neben der schlechteren Rendite, also dem geringeren Gewinn für uns Investorinnen, haben die aktiven Fonds höhere Kosten. Das liegt daran, dass das ganze Umfeld bezahlt werden muss: Die Fondsmanagerin, die den Fonds verwaltet; die Bankberaterin, die uns berät und den Fonds verkauft; die ganze Bank mit allen

Beschäftigen. Diese Kosten schmälern unseren Gewinn zusätzlich. Häufig wirken diese Kosten gering, beispielsweise laufende Kosten in Höhe von 1,5 % pro Jahr. Im Vergleich zu den laufenden Kosten von passiven Fonds, die im Durchschnitt bei 0,35 % liegen, sind diese 1,5 % plötzlich sehr hoch.

Wenn wir uns die Wirkung der Kosten auf unsere Rendite vor Augen führen, wird das Ausmaß noch deutlicher. Gehen wir von einer durchschnittlichen Rendite von 7 % aus. Dies entspricht ungefähr der jährlichen Rendite, die der DAX seit seiner Einführung 1988 abgeworfen hat. Von diesen 7 % müssen wir zunächst die Inflation in Höhe von etwa 2 % abziehen. Dies gilt natürlich sowohl für aktive, als auch für passive Fonds. Nach Abzug der Inflation bringen beide Fondsarten also einen durchschnittlichen Gewinn von 5 % pro Jahr. Der unterscheidende Faktor sind jedoch die Kosten: Die durchschnittlichen Kosten eines aktiven Fonds belaufen sich auf 1,55 %, die eines passiven Fonds auf 0,37 % (justETF 2019). Aufgrund dieser unterschiedlichen Kosten bringt ein aktiver Fonds also durchschnittlich 3,45 % Rendite pro Jahr, ein passiver Fonds dagegen 4,63 %.

Über eine lange Laufzeit summiert sich dieser vermeintlich kleine Unterschied: Eine Summe von 10.000 €, die 30 Jahre lang investiert ist und 3,45 % jährliche Rendite bringt, ist am Ende auf 26.280 € gewachsen. Dieselbe Summe über dieselbe Laufzeit bei 4,63 % jährlicher Rendite bringt es dagegen am Ende auf 38.798 €. Der kleine Unterschied von 1,18 % niedrigeren Kosten bedeutet bei 10.000 € Investitionssumme über 30 Jahre einen Unterschied von mehr als 12.500 €! Und dabei ist noch nicht einbezogen, dass aktive Fonds häufig eine schlechtere Rendite abwerfen als passive Fonds.

Sie können die Kosten von aktiven und passiven Fonds auf der Seite von justETF[6] vergleichen und dort Ihre persönlichen Kriterien angeben wie Anlagesummer und Investitionslaufzeit.

## 5.4 ETFs

Eine besondere Form der Indexfonds, die in den letzten Jahren stark an Bedeutung gewonnen haben, sind ETFs. ETF steht für Exchange Traded Fund und bedeutet übersetzt börsengehandelter Fonds. Ein ETF ist ein Indexfonds, er zeichnet also so genau wie möglich den vorgegebenen Index nach. Die Besonderheit eines ETF ist, dass Sie ihn genau wie Aktien jederzeit an der Börse kaufen und verkaufen und bleiben somit flexibel.

**Hintergrundinformation**
Es gibt inzwischen unzählige Bücher, Hefte, YouTube-Videos und blogs über ETFs. Besonders empfehlenswert sind hier die Bücher von Gerd Kommer, der das Thema fast wissenschaftlich analysiert und dessen Empfehlungen sich zum Standard entwickelt haben. Von Gerd Kommer sind vor allem die Bücher „Souverän investieren mit Indexfonds & ETFs: Wie Privatanleger das Spiel gegen die Finanzbranche gewinnen" (2018) und „Souverän investieren für Einsteiger: Wie Sie mit ETFs ein Vermögen bilden" (2018) zu empfehlen, um die Hintergründe und Funktionsweise von ETF zu verstehen. Seine Bücher sind äußerst gut geschrieben und akribisch recherchiert. Sie eignen sich dadurch für Anlegerinnen, die alle Hintergründe verstehen wollen und vor einer beinahe wissenschaftlichen Tiefe nicht zurückschrecken.

Außerdem hat Stiftung Warentest verschiedene Hefte zu ETFs herausgebracht; insbesondere das 2019 erschienene Buch

---

[6] https://www.justetf.com/de/cost-calculator.html

„Anlegen mit ETF. Geld bequem investieren mit ETF und Indexfonds" (3. Nachdruck, 2019) bietet einen sehr guten Ansatz, um die praktische Umsetzung zu verstehen.

Das Interesse an ETFs hat in den letzten Jahren deutlich zugenommen, dabei wurde der erste Indexfonds bereits 1976 in den USA aufgelegt. In Deutschland gibt es ETFs seit dem Jahr 2000. Insbesondere seit der Finanzkrise 2008 haben ETFs stetig an Beliebtheit gewonnen. Die Finanzkrise hat klar vor Augen geführt, dass es in dieser Zeit kaum einer Fondsmanagerin gelungen war, die Krise oder den anschließenden Aufschwung richtig vorherzusehen. Das hat das Vertrauen in die Finanzbranche erschüttert. In Kombination mit den niedrigen Zinsen der letzten Jahre hat dieser Vertrauensverlust viele Privatanlegerinnen dazu gebracht, sich nach Alternativen umzuschauen und ihre Finanzen in die eigenen Hände zu nehmen.

**Hintergrundinformation**
Ein Aktienfonds ist vergleichbar mit einem Restaurant: Wenn eine einzelne Person ein aufwendiges Gericht kochen möchte, muss sie hierfür viele Zutaten besorgen, die häufig in großen Mengen kommen: Gewürze, Nudeln oder auch Gemüse kommen meistens in Portionen, die größer sind als der Bedarf eines Menschen. Der hungrige Mensch zahlt also einen hohen Preis dafür, dass er diese vielen verschiedenen Zutaten haben möchte.

Ein Restaurant kann dasselbe Gericht deutlich preisgünstiger anbieten. Es kauft einmalig die Zutaten in den größeren Behältern und kocht dann viele Portionen gleichzeitig. Als Gast des Restaurants können wir nun einen Teller des Gerichts bestellen, was uns günstiger zu stehen kommt, als wenn wir die Zutaten alle einzeln gekauft und dann zu Hause zeitintensiv zubereitet hätten.

Bei einem guten Restaurant kommen für die Gäste allerdings die Kosten des Restaurants, der Bedienung sowie der Köchin hinzu. Die Fondsmanagerin eines herkömmlichen, aktiven Fonds ist vergleichbar mit einer Sterneköchin: Sie ist sehr gut und zaubert uns bestimmt immer wieder beeindruckende Gerichte. Allerdings ist sie auch teuer, und möglicherweise sind ihre Kreationen teilweise zu ausgefallen. Sie versucht zwar, den Zeitgeist zu treffen, hat aber das neueste Superfood verpasst und setzt vielleicht zwischenzeitlich auf den falschen geschmacklichen Trend. Außerdem würde sie niemals ihr Rezept preisgeben.

Ein passiver ETF ist dagegen mit Omas Rezeptesammlung vergleichbar: Einmal aufgeschrieben, muss nichts mehr daran verändert werden. Es ist kostengünstig und transparent, aber nicht aufregend. Dafür kann man sich darauf verlassen, dass den meisten Menschen ein gedeckter Apfelkuchen oder eine Erbsensuppe nach traditioneller Zubereitung gut schmeckt.

Übertragen auf aktive und passive Aktienfonds ist das Bild eindeutig: Der Gewinn von Omas Rezeptesammlung ist höher als die des Sternerestaurants, und das bei niedrigeren Kosten.

## 5.4.1 Vorteile von ETFs

ETFs haben nicht umsonst in den letzten Jahren viel Zuspruch bekommen. Sie vereinen viele Vorteile, durch die sie sich von herkömmlichen Fonds unterscheiden.

Die wichtigsten Vorteile von ETFs sind die folgenden Aspekte:

**ETFs sind breit aufgestellt**
Es gibt ETFs, die in den weltweiten Aktienmarkt investieren und Aktien von mehreren tausend Unternehmen halten. Solch ein ETF ist diversifiziert; er ist also breit aufgestellt und streut dadurch das Risiko. Wenn von 9000 Unternehmen, die in dem ETF enthalten sind, eins, zwei oder auch mehrere dieser Unternehmen Insolvenz

anmelden, ist uns das aus Investorinnenperspektive völlig gleichgültig. Und die Wahrscheinlichkeit, dass alle diese Unternehmen gleichzeitig pleitegehen, ist extrem gering und geht gegen Null. Die Möglichkeit, mit kleinen Beträgen ab 25 € in diese hohe Zahl an Unternehmen zu investieren, bieten nur ETFs.

**ETFs sind kostengünstig**
Wie bereits erwähnt, sind ETFs deutlich günstiger als aktive Fonds. Dadurch bleibt von der Rendite mehr übrig, was wir Investorinnen als Gewinn erhalten.

**ETFs erzielen gute Renditen**
Unsere Intuition lässt uns vermuten, dass Fondsmanagerinnen wegen ihres Expertenwissens eine überdurchschnittlich hohe Rendite erzielen können. Allerdings haben genug Studien gezeigt, dass das nur bei einem kleinen Prozentsatz der Fondsmanagerinnen der Fall ist. ETFs wetten nicht darauf, dass sich ein Unternehmen besser entwickelt als der Durchschnitt, sondern sie geben sich mit dem Marktdurchschnitt zufrieden. Mit dieser Herangehensweise sind sie über einen langen Investitionshorizont erstaunlicherweise besser als die durchschnittliche Fondsmanagerin, der es zwar immer wieder vereinzelt gelingt, überdurchschnittlich gute Renditen zu erzielen, das aber eben immer wieder auch nicht erreicht.

**ETFs sind liquide**
ETFs können wie Aktien jederzeit zu Börsenöffnungszeiten gekauft und verkauft werden. Im magischen Dreieck der Geldanlage (Abschn. 4.3) erfüllen sie also das Kriterium „Liquidität".

**ETFs sind transparent**
ETFs bilden einen Index nach. Die Definition dieses Index können Sie jederzeit einsehen, ebenso wie die Zusammensetzung des ETF. Damit sind ETFs deutlich transparenter als aktiv gemanagte Fonds, die meistens nur rückblickend die Zusammensetzung des letzten Quartals offenlegen; manchmal sogar noch seltener. Sie können zudem zu jedem Zeitpunkt in Ihrem Depot – dem Konto, über das Sie an der Börse handeln können (vgl. Abschn. 6.4) – den Wert Ihrer ETF-Anteile abrufen.

# 6

# Umsetzung, ganz praktisch

**Zusammenfassung** In diesem Kapitel geht es konkret um die Umsetzung einer Investition in ETFs. Neben den wichtigsten Kriterien für die Wahl eines ETFs werden auch Möglichkeiten der nachhaltigen Geldanlage und konkrete Empfehlungen für Fonds gegeben. Die Bedeutung des richtigen Zeitpunkts und die Wahl eines Depots werden ebenso behandelt wie die Geldanlage für Kinder, Kritik an ETFs und die Vermeidung von typischen Fehlern.

Wenn Sie anfangen, sich über ETFs zu informieren, werden Sie schnell feststellen: Sowohl die Menge der Informationen, als auch die Anzahl der verfügbaren Fonds kann auf den ersten Blick überwältigend erscheinen. Selbst, wenn Sie wissen, dass Sie einen möglichst breit auf gestellten Aktien-ETF haben möchten, gibt es auch davon eine schier unüberschaubare Anzahl. Daher sind hier die zentralen

Entscheidungskriterien aufgelistet, die für die Wahl des „richtigen" ETFs entscheidend sind und mit denen Sie die Anzahl der Optionen stetig verkleinern können, bis Sie „Ihren" ETF gefunden haben. Es lohnt sich, zuerst den ETF auszuwählen und danach das Depot auszuwählen, denn nicht jedes Depot hat jeden ETF im Angebot.

Sie bekommen in diesem Kapitel außerdem einige Beispiele für Einsteiger-Portfolios, die sich für viele Menschen eignen. Zudem gibt es viele Verweise auf Informationsquellen oder Vergleichsportale, damit Sie das hier Geschriebene direkt anwenden können.

## 6.1 Die Wahl des „richtigen" ETF

### 6.1.1 Die richtige Mischung aus Risiko und Rendite

Es gibt nicht die eine richtige Anlagestrategie, die für alle Menschen passt. Auch bei der langfristigen Geldanlage ist es wichtige, dass die Strategie zu Ihnen und Ihrer Lebenssituation passt.

Bei der langfristigen Geldanlage unterscheiden wir zwischen **risikoreichen** und **risikoarmen** Anlageklassen. Zur risikoreichen Geldanlage zählen Aktien und Aktienfonds; es gibt auch andere Formen der risikoreichen Geldanlage wie Rohstoffe oder Gold, aber auf die gehen wir in diesem Buch nicht näher ein. Unter die risikoarme Geldanlage fallen unsere komplett liquiden Anlagen wie das, was auf unserem Tagesgeldkonto liegt, sowie Anleihen und Anleihenfonds.

Wie wir aus dem magischen Dreieck der Geldanlage (Abschn. 4.3) wissen, bringt uns höheres Risiko auch die höhere Rendite; die sichere Geldanlage kommt dagegen ohne Risiko, aber eben auch ohne Rendite. Tatsächlich erhöht es unser Risiko, wenn wir unser Geld nur auf dem Tagesgeldkonto liegen haben, denn damit verlieren wir durch die Inflation regelmäßig Geld (Abb. 4.3). Die Lösung liegt also in einer gesunden Mischung aus Risiko und Rendite.

Um die für Sie passende Mischung zu finden, ist es wichtig, Ihre individuelle Risikobereitschaft und Ihre Risikotragfähigkeit zu kennen.

> **Risikobereitschaft**
>
> Unter der Risikobereitschaft versteht man die persönliche Bereitschaft und **mentale Fähigkeit** der Anlegerin, Schwankungen an der Börse auszuhalten. Es geht um Ihre subjektive, individuelle Risikofreudigkeit und die Frage, ob Sie bei einem starken Kurseinbruch und somit (temporär) hohen Verlusten in Ihrem Depot in Panik geraten, oder ob Sie dies aussitzen können.
>
> **Risikotragfähigkeit**
>
> Die Risikotragfähigkeit bezieht sich auf die **finanzielle Lage** der Anlegerin. Je mehr andere Vermögenswerte neben Ihrem Depot Sie haben, umso ruhiger können Sie Kursschwankungen begegnen.

Im Internet gibt es gute Fragebögen, die Sie bei der Einschätzung Ihrer persönlichen **Risikobereitschaft** unterstützen können. Hilfreich sind die Fragebögen von Börse. ARD[1] und von Union Investment[2]. Seien Sie bei der Beantwortung solch eines Fragebogens ehrlich zu sich selbst; es ist niemandem geholfen, wenn Sie schlaflose Nächte bekommen aus Sorge, Ihr Vermögen könnte sich verkleinern.

---

[1] https://boerse.ard.de/boersenwissen/boersenwissen-grundlagen/anlegertest-welcher-anlegertyp-bin-ich-100.html

[2] https://www.union-investment.de/startseite/unsere-services/rechner-uebersichtsseite/risikoprofilcheck#/tlg-rp-organizer

Um Ihre persönliche **Risikotragfähigkeit** einzuschätzen, können Ihnen die folgenden Fragen eine Orientierung geben:

- **Einkommenssituation:** Ist Ihr Einkommen langfristig gesichert, zum Beispiel als Beamte oder als unbefristet Beschäftigte mit hoher Jobsicherheit? Oder ist Ihr Einkommen gefährdet, beispielsweise als Selbstständige oder aufgrund anderer Unsicherheitsfaktoren?
- **Notgroschen:** Ist Ihr Notgroschen gut gefüllt, um unvorhersehbare Ausgaben wie eine Reparatur des Autos oder einen Umzug zu finanzieren? Oder haben Sie bislang wenig Reserven und wenig Möglichkeiten, diese in naher Zukunft aufzubauen?
- **Altersvorsorge:** Ist die Grundlage Ihrer Altersvorsorge ist mit gesetzlichen oder betrieblichen Rentenansprüchen gut gesichert, und haben Sie vielleicht sogar weitere Vorsorge getroffen?

Je höher Ihre Risikobereitschaft und Risikotragfähigkeit, umso höher kann der Aktienanteil in Ihrem Portfolio sein. Aktien bringen uns Rendite, Anleihen dagegen Stabilität. Neben der Risikobereitschaft kommt die Frage der Laufzeit: Wenn Sie Ihr Geld für die nächsten 30 Jahre nicht anfassen möchten, dann lohnt sich ein hoher Anteil an Aktien. Wenn Sie die private Geldanlage als Teil Ihrer Altersvorsorge sehen, spielt daher auch Ihr Alter eine Rolle. Für diesen Fall gibt es eine **Faustregel,** die besagt, dass der risikoreiche Anteil höher sein sollte, je jünger wir sind. Konkret lautet die Regel: 100 minus Ihr Lebensalter ergibt den Anteil, den Sie in risikoreiche Anlagen investieren sollten. Wenn Sie 35 Jahre alt sind, heißt das für Sie:

$$100 - 35 = 65$$

Sie sollten also etwa 65 % Ihrer Investitionssumme in risikoreiche Anlageklassen (Aktien) investieren, die restlichen 35 % in risikoarme Anlageklassen (Anleihen, Festgeldkonto, Tagesgeldkonto).

> 100 − Lebensanteil = risikoreicher Anteil

Diese Regel ist jedoch nur eine Faustregel; Sie sollten sie unbedingt an Ihre persönliche Situation und Mentalität anpassen. Eine andere Faustregel besagt, dass Sie bis zu Ihrem 50. Lebensjahr die gesamte Summe, die Sie an der Börse investieren möchten, in Aktien investieren sollten. Erst danach fangen Sie an, in Anleihen zu investieren. So nehmen Sie die hohe Rendite von Aktien mit, während Sie noch genug Zeit haben, um Krisen auszusitzen. Beide Regeln gehen davon aus, dass Ihre Investitionen als private Altersvorsorge für Ihre Rentenzeit dienen.

Konkrete Beispiele und Orientierungshilfen für die Zusammenstellung Ihres individuellen Portfolios finden Sie in Abschn. 6.2.

**Die größten ETF-Anbieter**
**iShares** ist der größte ETF-Verwalter und gehört zum weltweit größten Vermögensverwalter BlackRock aus den USA.

**Xtrackers** gehört zur Deutsche Asset Management, einer Tochter der Deutschen Bank.

**Lyxor** ist der drittgrößte ETF-Anbieter in Europa und gehört zur französischen Bank Société Générale.

**Amundi ETF** ist Teil von Frankreichs größter Vermögensverwaltung, der Amundi-Gruppe.

**SPDR** gehört zum US-amerikanischen Vermögensverwalter State Street Global Advisors und legte 1993 den ersten ETF auf.

Für Sie als Investorin ist die Wahl des Anbieters nicht ausschlaggebend in Bezug auf Rendite oder Sicherheit. Die wichtigen Entscheidungskriterien erfahren Sie in den nächsten Abschnitten. (Stiftung Warentest. Finanztest 2019)

## 6.1.2 Die Wahl des richtigen Index

Mit der Wahl Ihres Index wählen Sie aus, in welche Unternehmen Sie investieren möchten. Sie können nach Region oder Land auswählen und beispielsweise in die größten Unternehmen in allen Industriestaaten investieren. Ebenso können Sie in Schwellenländer investieren, oder in einzelne Länder.

Um die Grundlagen Ihrer Geldanlage zu legen, bietet sich ein möglichst breit aufgestellter Index an. Damit sind Sie vor regionalen Krisen geschützt. Ein Klassiker dieses Index ist der MSCI World, ein Index, der in die größten Unternehmen aus 23 Industriestaaten investiert. (Für detaillierte Informationen zu den größten Indexanbietern, s. Infobox.) Mit Aktien von etwa 1600 unterschiedlichen Unternehmen ist dieser Index sehr breit aufgestellt und damit gut diversifiziert. Allerdings ist hier auch ersichtlich, dass die Namen der Indizes und der darauf basierenden Fonds irreführend sein können: Der Titel „World" suggeriert eine noch breitere Streuung, als tatsächlich enthalten ist. Die „Welt", in die ein Fonds auf diesen Index investiert, besteht zu über 50 % aus US-amerikanischen Unternehmen, Deutschland ist nur zu 3,5 % enthalten, und Schwellen- oder Entwicklungsländer kommen gar nicht darin vor (vgl. Abb. 6.1). Diese Verteilung entsteht, weil der Fonds in die größten Unternehmen nach Marktkapitalisierung investiert. Deutschland ist so schlecht vertreten, weil es hier viele mittelständische Unternehmen gibt, die nicht an der Börse vertreten sind. Der Name eines ETF gibt also lediglich eine Orientierung. Sie haben aber jederzeit die Möglichkeit, die in dem Fonds enthaltenen Unternehmen einzusehen.

Neben der regionalen Verteilung haben Sie auch die Möglichkeit, die Branche auszuwählen und sogar die Größe der Unternehmen, in die Sie investieren möchten.

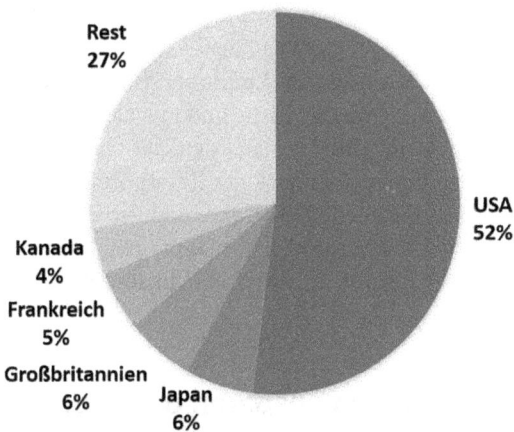

Abb. 6.1 Regionale Verteilung des MSCI World

Der große Vorteil von ETFs ist allerdings die breite Streuung, sowohl geographisch, als auch in Bezug auf die Branchen, in die sie investieren. Daher ist es sinnvoll, insbesondere am Anfang genau diesen Vorteil auszunutzen und zunächst Fonds auszuwählen, die eben nicht in einzelne Länder oder Branchen investieren, sondern die breit aufgestellt sind.

**Die größten Index-Anbieter**
**MSCI** ist ein US-amerikanischer Finanzdienstleister und Marktführer bei vielen Indizes. Am bekanntesten sind die globalen und regionalen Indizes wie der **MSCI World** und der **MSCI Emerging Markets.**

Die **Deutsche Börse AG** gibt sowohl die **Stoxx**-Indizes heraus, als auch die **DAX**-Familie. Stoxx-Indizes sind insbesondere im europäischen Raum führend, so zum Beispiel der **Euro Stoxx 50** oder der **Stoxx Europe 600**. Im DAX-Bereich sind neben dem DAX (die 30 größten deutschen Unternehmen) vor allem der **MDAX** (die 60 Unternehmen, die auf die 30 DAX-Unternehmen folgen; MDAX ist abgeleitet von Mid-Cap-DAX), der **TecDAX** (30 der größten Technologiewerte) und der

SDAX (die 70 Unternehmen, die auf die MDAX-Unternehmen folgen; SDAX ist abgeleitet von Small-Cap-DAX) verbreitet.

**FTSE Russell** gehört zur **Londoner Börse** und bietet vor allem britische, US-amerikanische und globale Indizes.

**S&P Dow Jones Indices** bietet den ältesten Index der Welt, den 1882 gegründeten Dow Jones Transportation Index. Mit dem S&P 500 und dem Dow Jones Industrial hat das Unternehmen zudem die vermutlich bekanntesten Indizes der Welt im Programm. (Stiftung Warentest. Finanztest 2019)

## 6.1.3 Dividenden ansparen oder auszahlen

Unternehmen schütten einen Teil ihres Gewinns als Dividende an ihre Aktionäre aus. Die Höhe der Dividende wird auf der Hauptversammlung von den Aktionären beschlossen. Als Investorin in einen ETF profitieren auch Sie von dieser Dividende. Es gibt zwei Arten, wie die Dividende an die ETF-Investorinnen weitergegeben werden kann.

**Ausschüttend**
Der Fonds sammelt die Dividende, die die Unternehmen ausschütten, und gibt sie an die ETF-Investorin weiter. Die Dividende wird zwischen ein und zwölf Mal pro Jahr an Sie als Investorin ausgezahlt. Ausschüttende ETF bieten sich besonders an, wenn Sie sich durch ETF ein regelmäßiges Zusatzeinkommen beziehen möchten. Außerdem kann es motivieren, die regelmäßigen Gewinne ausgezahlt zu bekommen, auch, wenn diese insbesondere in der Anfangsphase noch klein ausfallen sollten.

**Thesaurierend**
Ein thesaurierender Fonds (von altgriechisch Thesaurus = der Schatz) reinvestiert die ausgeschüttete Dividende

automatisch in neue Wertpapiere in der Zusammensetzung, wie es der Index vorgibt. Dadurch wächst Ihr Vermögen schneller und exponentiell, da die von der Dividende gekauften Fondsanteile auch wieder Kursgewinne bringen. Thesaurierende Fonds eignen sich besonders gut, wenn Sie sich in der Ansparphase befinden, da die Thesaurierung Ihr Aktienvermögen unmittelbar vermehrt.

### 6.1.4 Die Kosten des ETF

ETFs verschiedener Anbieter, Ausschüttungsmethode oder Alter auf denselben Index können sich teilweise deutlich im Preis unterscheiden. Dabei sind die niedrigen Kosten von ETFs einer der großen Vorteile gegenüber aktiven Fonds. Es lohnt sich also, auf die Kosten des ETFs zu achten, denn hohe laufende Kosten schmälern unsere Rendite.

Die wichtigste Kennzahl hierbei ist die Gesamtkostenquote, abgekürzt **TER** (Total Expense Ratio). Sie enthält Kosten für das Management des Fonds, für die Geschäftsführung oder das Bereitstellen der IT-Infrastruktur. Wie bereits in Abschn. 5.3.3 beschrieben, kann sich ein vermeintlich kleiner Aufpreis in den Kosten über eine lange Laufzeit von 20, 30 oder gar mehr Jahren zu hohen Verlusten aufsummieren. Die TER eines ETF sollte nicht über 0,7 % liegen. Je standardisierter ein ETF ist, umso niedriger sollten die Kosten sein. Einen ETF auf den MSCI World kann man bereits für 0,15 % TER bekommen.

> Die Gesamtkostenquote eines ETF sollte nicht über 0,7 % liegen; für die Klassiker wie den MSCI World können Sie auch ETFs mit einer Kostenquote von 0,2 % oder weniger finden.

## 6.1.5 Die Größe des ETF

Ein ETF sammelt das Geld vieler Anlegerinnen und investiert es dem Index entsprechend in Aktien. Je mehr Anlegerinnen ihr Geld in den ETF investieren, umso höher ist das Volumen des Fonds. Wenn ein ETF zu klein ist, also zu wenig Geld verwaltet, kann es für die Fondsgesellschaft, die den ETF verwaltet, zu aufwendig oder teuer werden. Kleine Fonds sind daher eher gefährdet, geschlossen zu werden.

Wie bereits in Abschn. 5.2 beschrieben, ist das Vermögen, das Sie in einen Fonds investieren, **Sondervermögen.** Das heißt, dass Ihr Vermögen in den Unternehmen steckt, in die der Fonds investiert, und nicht dem Fonds gehört. Es ist für Sie als Anlegerin daher unproblematisch, wenn der Fonds geschlossen wird. Sie müssen jedoch in so einem Fall Ihr Vermögen in einen neuen Fonds investieren, dafür neu recherchieren und müssen einigen Aufwand betreiben. Aus diesem Grund sollten Sie einen ETF auswählen, dessen Volumen mindestens 100 Mio. € beträgt.

> Das Volumen eines ETF sollte mindestens 100 Mio. € betragen.

## 6.1.6 Das Alter des ETF

Das Alter eines ETF lässt ebenso wie das Volumen Rückschlüsse auf seine Stabilität und seine Zukunftserwartung zu. Außerdem können Sie ihn erst nach einigen Jahren mit anderen Fonds vergleichen und somit einschätzen.

> Ein ETF sollte mindestens vier Jahre alt sein.

## 6.1.7 Die Nachbildung des Index

Ein Index gibt vor, welche Unternehmen in einem ETF vorhanden sein sollen. Es gibt verschiedene Arten, wie ein ETF in die Aktien dieser Unternehmen investiert.

**Physische Nachbildung**
Ein physisch (voll) nachbildender ETF kauft die Aktien der Unternehmen, wie sie durch den Index vorgegeben werden, und auch in der entsprechenden Gewichtung. Da die Aktienkurse schwanken und sich die Anzahl der verfügbaren Aktien der Unternehmen verändern, kann es sein, dass ein physisch replizierender ETF für einen kurzen Zeitraum nicht vollständig den Index abbildet.

**Sampling-Methode (optimierte Nachbildung)**
Die Sampling-Methode wird insbesondere bei sehr großen Indizes genutzt. Es wird ein **„Sample"**, also eine Stichprobe genommen, die physisch repliziert wird. Diese Stichprobe wird so optimiert, dass die Kursverläufe ausgewählten Aktien dem Verlauf des gesamten Index nahezu vollständig entsprechen.

**Synthetische (swap-basierte) Nachbildung**
Bei der synthetischen Nachbildung kauft der ETF nicht die Aktien, die in dem Index vorhanden sind. Stattdessen kauft er andere Aktien, deren Kurse sich ähnlich entwickeln. Diese Aktien tauscht er mit einem anderen Finanzinstitut; diesen Tausch nennt man **Swap.** Der Tauschpartner verpflichtet sich, dem ETF im Tausch dieselbe Rendite zu liefern wie der Index.

Insbesondere bei sehr breiten Indizes schafft es ein Swap-ETF, den Index genauer abzubilden. Dagegen steht die Gefahr, dass der Tauschpartner die versprochene Rendite nicht abbilden kann. Außerdem verringert sich die Transparenz des ETF deutlich, da eben nicht in die dem

Index entsprechenden Unternehmen investiert wird. Aufsichtsbehörden sehen keine höhere Gefahr bei swap-basierten ETFs. Die Anzahl der verfügbaren synthetischen ETFs ist in den letzten Jahren dennoch gesunken, weil die Nachfrage nach physisch nachbildende ETFs größer ist.

## 6.1.8 Nachhaltigkeit

Die Nachfrage nach Optionen, das Geld nachhaltig anzulegen, ist in den letzten Jahren deutlich gestiegen. Ebenso entstehen konstant neue Möglichkeiten der nachhaltigen Geldanlage. Allerdings ist das Thema noch nicht so leicht, wie wir es uns wünschen würden.

Das grundlegende Problem der nachhaltigen Geldanlage ist die (bislang) fehlende Definition von Nachhaltigkeit. Meistens werden die **ESG-Kriterien** herangezogen: Environment, Social, Governance (Umwelt, Soziales und Unternehmensführung). Unternehmen werden also neben ihrer wirtschaftlichen Tragfähigkeit auch nach ihren Leistungen in diesen Bereichen bewertet (Forum Nachhaltige Geldanlagen 2019).

Neben den ESG-Kriterien gibt es auch den Ansatz des **Socially Responsible Investment** (SRI). Hierbei geht es ebenfalls darum, gesellschaftliche Verantwortung auch in der Geldanlage zu vertreten (Industrie- und Handelskammer Nürnberg für Mittelfranken 2019).

Wegen der unklaren Definition von Nachhaltigkeit ist es sehr wichtig, genau auf die Zusammensetzung Ihres Fonds zu achten. Nachhaltigkeit wird teilweise zu Werbezwecken missbraucht, und es liegt bislang in der Verantwortung der Anlegerinnen, hinter die schönen Namen zu schauen. Das sollten Sie aber bei Ihrer Geldanlage ohnehin tun, daher ist das kein Hinderungsgrund.

Bei der nachhaltigen Geldanlage gibt es drei verschiedene Ansätze:

**Ausschlusskriterien**
Unternehmen werden vom Investmentuniversum ausgeschlossen, weil sie bestimmte Produkte herstellen, bestimmte soziale, ökologische und governancebezogene Kriterien nicht erfüllen oder gegen internationale Normen und Standards verstoßen. Hierzu zählen normalerweise Unternehmen im Tabak-Bereich, Pornographie oder Rüstungsindustrie.

**Best-in-Class-Ansatz**
Hierbei wird in Unternehmen investiert, die bezüglich Umwelt-, Sozial- und Governanceaspekten führend sind. Dies sind beispielsweise ein gut etabliertes Umwelt- und Risikomanagementsystem, Effizienzsteigerungen im Energie- und Ressourcenverbrauch, umfassende Schulungsprogramme für Mitarbeitende, oder Maßnahmen gegen Diskriminierung.

**Impact Investing**
Hierbei geht es darum, in Unternehmen zu investieren mit dem Ziel, neben dem finanziellen Ertrag auch sozial und ökologisch zu wirken. In diese Kategorie fallen Unternehmen, die nicht nur das „Schlechte" vermeiden (wie bei den Ausschlusskriterien), sondern die aktiv Gutes tun.

Bislang kommt Nachhaltigkeit als viertes Kriterium zum magischen Dreieck der Geldanlage (Abschn. 4.3) hinzu; sie erweitert die Geldanlage also um eine Dimension. Dadurch wird das Thema komplexer. Es ist nicht einfach, einen ETF zu finden, der im Bereich Impact Investing anzuordnen und gleichzeitig breit gestreut ist. Es gibt beispielsweise branchenspezifische ETFs, die sich speziell auf erneuerbare Energien konzentrieren. Damit haben Sie zwar den Faktor „Grün" in Ihrem Portfolio, aber nicht mehr den Faktor „Risikostreuung" – wenn die Branche der erneuerbaren Energien abstürzt, stürzt der gesamte Index ab.

**Hintergrundinformation**
Informationen zu Möglichkeiten, nachhaltig zu investieren, finden Sie hier:

- https://www.forum-ng.org/de/
- https://www.justetf.com/de/news/etf/mit-etfs-in-nachhaltigkeit-investieren.html
- https://www.extra-funds.de/etf-tools/etf-suche/?strategy=1199
- http://www.handelsblatt.com/adv/etfwissen/etf-wissen-nachhaltigkeit-in-der-geldanlage/19207908.html
- https://www.ishares.com/de/privatanleger/de/trends-und-markte/nachhaltiges-investieren

Wenn Sie in ETFs investieren wollen, empfiehlt es sich, eine pragmatische Mischung anzustreben: einen Teil mit Fokus auf Sicherheit, der breit gestreut ist (regional und in Bezug auf Branchen), und einen Teil mit Fokus auf Nachhaltigkeit. In Abschn. 6.2 sehen Sie einige Beispiele für Anlagestrategien, die auch die nachhaltige Geldanlage beinhalten. Wenn Sie zu 100 % nachhaltig investieren wollen, würde ich zurzeit empfehlen, dies an eine aktive Fondsmanagerin abzugeben. Wie in Abschn. 5.3 beschrieben, ist hierbei das Problem, dass nur etwa 10 % aller Fondsmanager langfristig besser sind als der Durchschnitt. Zudem sind sie teuer. Sie haben also höhere Kosten und niedrigere Rendite als bei einem passiven Fonds. Dafür ist die Sicherheit gegeben, dass alles nachhaltig und gleichzeitig divers angelegt ist. Für aktive, nachhaltige Geldanlage bieten sich insbesondere die nachhaltigen Banken (z. B. Triodos, GLS, UmweltBank, EthikBank) an.

Es wird erwartet, dass das Angebot an nachhaltigen ETFs in den nächsten Jahren deutlich steigen wird. Es lohnt sich also, Ihre Investitionsstrategie regelmäßig zu überprüfen und gegebenenfalls anzupassen.

> **Beispiel**
> **Nachhaltige Banken**
> In Deutschland sind dies die größten nachhaltigen Banken:
> - **Triodos Bank**[3]: Die niederländische Bank bezeichnet sich als Europas führende Nachhaltigkeitsbank und ist inzwischen in sechs europäischen Ländern vertreten.
> - **GLS Bank**[4]: Die 1974 gegründete Bank gilt als weltweit erste sozial-ökologische Bank.
> - **EthikBank**[5]: 2002 wurde die EthikBank als ethisch-ökologische Direktbank gegründet.
> - **UmweltBank**[6]: Die UmweltBank verbindet Finanzen mit ökologischer und sozialer Verantwortung.
>
> Der Bereich der nachhaltigen Banken entwickelt sich schnell. Es ist gut möglich, dass es in wenigen Jahren bereits viele weitere Optionen geben wird.

Alle diese ETF-Kriterien können Sie auf den genannten Vergleichsportalen und Informationsquellen eingeben und danach filtern. Als Ergebnis bekommen Sie einen ETF mit einem langen Namen, in dem sich der Emittent, der zugrunde liegende Index, die Ausschüttungsmethode und andere Informationen verbergen. Außerdem gibt es zu jedem ETF eine einmalige Internationale Wertpapiernummer (WKN oder ISIN für International Securities Identification Number), mit der Sie einen ETF eindeutig

---

[3] https://www.triodos.de/
[4] https://www.gls.de/privatkunden/
[5] https://www.ethikbank.de
[6] https://www.umweltbank.de

identifizieren können. Diese Nummer können Sie auch direkt in Ihrem Depot (vgl. Abschn. 6.4.2) eingeben.

Jeder ETF veröffentlicht zudem ein etwa dreiseitiges Factsheet, in dem Sie einen Überblick über alle wesentlichen Informationen zu dem ETF bekommen. Darin enthalten sind die hier aufgeführten Kriterien; zudem bekommen Sie einen Einblick über die geografische Aufteilung, die Branchengewichtung und die größten in dem ETF enthaltenen Unternehmen.

> **Checkliste zur Wahl Ihres ETFs**
>
> Nehmen Sie diese Checkliste zur Hand, um die Auswahl Ihres ETF zu verringern. Es gibt hervorragende Vergleichsportale, auf denen Sie direkt ETFs nach Ihren Präferenzen filtern können. Besonders hervorzuheben sind hier die unabhängigen Seiten justETF[7] und extraETF[8]. Auch Stiftung Warentest[9] und Finanztip[10] bieten unabhängige Empfehlungen.
> – Die richtige Mischung aus Aktien und Anleihen (Faustregel: 100 – Lebensalter = risikoreicher Anteil)
> – Die Wahl des richtigen Index (global, regional, Branche – denken Sie daran, breit zu streuen!)
> – Dividenden ansparen oder auszahlen (thesaurierend oder ausschüttend)
> – Die Nachbildung des Index (replizierend, Sampling, synthetisch)
> – Die Kosten des Fonds (TER) < 0,7 %
> – Das Volumen des Fonds > 100 Mio. €
> – Das Alter des Fonds > 4 Jahre
> – Nachhaltigkeit

---

[7] https://www.justetf.com/de/find-etf.html
[8] https://de.extraetf.com
[9] https://www.test.de/ETF-Mit-Indexfonds-Geld-anlegen-5268799–0/
[10] https://www.finanztip.de/indexfonds-etf/

## 6.2 Beispiele für Standard-Portfolios

ETFs haben viele Vorteile, die ausführlich beschrieben wurden. Dadurch, dass sie so breit gestreut und dabei kostengünstig sind, können Sie mit nur zwei ETFs die Grundlage für Ihr Investment-Portfolio legen. Hier finden Sie einige Beispiele für ETFs, die sich dafür eignen. Die Empfehlungen basieren auf den Empfehlungen von Finanztest und von Gerd Kommer.

**Das Pantoffel-Portfolio (modifiziert)**
Das von Finanztest entwickelte Pantoffel-Portfolio macht es Börsenneulingen so leicht, dass sie die Geldanlage sonntags in Pantoffeln erledigen können – daher der Name. Es ist sehr ähnlich wie das Einsteiger-**Weltportfolio** von Gerd Kommer. Für dieses Portfolio benötigen Sie nur zwei ETFs: Einen globalen Aktien-ETF und einen sicherheitsbewussten Euro-Anleihen-ETF. Die Mischung erstellen Sie nach Ihrer persönlichen Risikopräferenz (vgl. Abschn. 6.1.1).

**Aktien** Der Aktien-Anteil im Pantoffel-Portfolio basiert auf dem **MSCI World**. Dieser Index beinhaltet die größten Unternehmen aus 23 Industriestaaten. Mit Aktien von etwa 1600 Unternehmen war er lange Zeit der Klassiker für ein unkompliziertes und gleichzeitig breit diversifiziertes Portfolio.

Inzwischen wird gerne der **MSCI All Country World Index** (MSCI ACWI) als Grundlage für ein globales Aktienportfolio genommen. Dieser Index enthält nicht nur Industriestaaten, sondern auch Schwellenländer wie China, Indien und Brasilien. Schwellenländer bringen einerseits höhere Risiken, da sowohl die politische als auch die wirtschaftliche Lage in diesen Ländern häufig instabiler und krisenanfälliger ist. Andererseits war das Wachstum insbesondere in den letzten Jahren eine ansehnliche Rendite, an der wir mit dem MSCI All Country

World teilhaben können. Der Anteil der Schwellenländer ist mit 11 % relativ klein. ETFs auf den MSCI All Country World Index investieren in fast 2500 verschiedene Unternehmen.

Noch breiter aufgestellt ist der **MSCI All Country World Index Investable Market Index** (MSCI ACWI IMI). Dieser Index beinhaltet auch kleine Unternehmen und deckt somit 98 % des investierbaren Weltmarkts ab. Noch breiter gestreut ist fast nicht möglich. Ähnlich ist der **FTSE All World Index** aufgestellt; beide eignen sich gut für den Aktien-Anteil Ihres Portfolios.

**Anleihen** Für den sicherheitsbewussten Anteil Ihres (modifizierten) Pantoffel-Portfolios bieten sich europäische Staatsanleihen an. Da es hier darum geht, das Risiko zu minimieren, sollten wir die Rendite weitestgehend außer Acht lassen. Es empfehlen sich demnach kurzlaufende Anleihen von Staaten mit einer hohen Bonität, also hoher Kredit- und Glaubwürdigkeit. Ein passender Index ist der **Bloomberg Barclays Euro Government Bond 1–3 Index.**

---

**Beispiele**

**ETFs für das Pantoffel-Portfolio**
Diese ETFs eignen sich besonders für die Umsetzung des **Pantoffel-Portfolios.** Die folgenden Aktien-ETFs sind von Finanztest als „1. Wahl" bezeichnet worden (Stiftung Warentest. Finanztest 2019, S. 56). Die Anleihen-ETFs richten sich nach Gerd Kommer und seinem **Weltportfolio.**

**Aktien-EFS**

**MSCI World**
Amundi (ISIN: FR0010756098)
Comstage (ISIN: LU0392494562)
db x-trackers (ISIN: LU0274208692)

HSBC (ISIN: DE000A1C9KL8)
iShares (ISIN: IE00B4L5Y983)
Lyxor (ISIN: FR0010315770)
Source (ISIN: IE00B60SX394)
UBS (ISIN: LU034028516)

**MSCI All Country World**
iShares (ISIN: IE00B6R52259)
Lyxor (ISIN: FR0011079466)
SPDR (ISIN: IE00B44Z5B48)

**MSCI All Country World Index Investable Market Index/ FTSE All World**
SPDR (ISIN: IE00B3YLTY66)
Vanguard (ISIN: IE00B3RBWM25)

**Anleihen-ETFs**

**Bloomberg Barclays Euro Government Bond 1–3 Index**
iShares (IE00B3VTMJ91)

**Weitere empfehlenswerte Anleihen-ETFs:**
iShares (IE00BGJWWY63)
Deka (DE000ETFL185)

## Das nachhaltige Pantoffel-Portfolio

Wer neben der breiten Risikostreuung auch die Nachhaltigkeit im Auge behalten möchte, der seien die folgenden ETFs ans Herz gelegt. Wie in Abschn. 6.1.8 beschrieben, stellt uns die nachhaltige Geldanlage vor einige Herausforderungen. „Dunkelgrüne", also komplett nachhaltige Geldanlage, ist zurzeit nur mit manuell ausgewählten Investitionen möglich. Diese Strategie können Sie entweder selbst durchführen, indem Sie selbst Unternehmen auswählen, deren Aktien Sie kaufen möchten. Alternativ vertrauen Sie Ihr Geld einer nachhaltigen Bank an, die aktive Fonds verwalten.

Auch der nachhaltige ETF-Markt wächst ständig, und es gibt bereits heute gute Möglichkeiten, Ihr Geld „hellgrün" anzulegen und dabei dennoch nicht auf Risikostreuung, Kosteneffizienz oder Rendite zu verzichten. Durch das Auswahlkriterium „Nachhaltigkeit" werden einige Unternehmen und Branchen aussortiert. Nachhaltige ETFs sind daher häufig kleiner als herkömmliche ETFs. Es ist wichtig, über der Suche nach Nachhaltigkeit die Risikostreuung nicht aus den Augen zu verlieren.

**Nachhaltigkeit und Rendite**
Bislang gibt es keinen eindeutigen Beweis, ob nachhaltige Investitionen bessere oder schlechtere Renditen bringen. Teilweise sind die negativen Ausschläge geringer, weil nachhaltige Unternehmen weniger skandalträchtig agieren. Eine Meta-Studie aus Berlin, die wissenschaftliche Erkenntnisse aus diesem Bereich analysiert, kommt zu dem Schluss, „nachhaltige Anlagen [bieten] eine ähnliche Performancecharakteristik und haben tendenziell sogar Vorteile" (Kleine et al. 2013, S. 6).

**Aktien** Auch im nachhaltigen Pantoffel-Portfolio basiert der Aktien-Anteil auf dem MSCI World. Die nachhaltige Variante, der **MSCI World SRI 5 % Issuer Capped,** enthält rund 400 Unternehmen aus 23 Ländern. Der Zusatz „5 % Issuer Capped" bedeutet, dass ein Unternehmen maximal 5 % des Index ausmachen darf. Die von MSCI erstellten SRI-Indizes schließen neben Kinderarbeit und Menschenrechtsverletzungen Unternehmen aus, die ihr Geld mit Waffen und Rüstung, Atomkraft, Alkohol, Tabak, Glücksspiel, Pornografie oder Agrargentechnik verdienen.

Ein weiterer global aufgestellter Index ist der **Dow Jones Global Sustainability Screened.** Dieser Index enthält mehr als 500 Unternehmen aus 34 Ländern und schließt ebenfalls Unternehmen aus, die in Waffen und Rüstung, Atomkraft, Alkohol, Tabak, Glücksspiel oder Pornografie aktiv sind.

Im nachhaltigen Bereich gibt es noch kein Äquivalent zum MSCI All Country World Index. Wenn Sie Schwellenländer in Ihrem Portfolio haben möchten, können Sie diese durch einen weiteren ETF hinzufügen. Hier bietet sich der **MSCI Emerging Markets SRI** an. Auch hier gibt es eine Alternative, die den maximalen Anteil eines einzelnen Unternehmens auf 5 % beschränkt, nämlich den **MSCI Emerging Markets SRI 5 % Issuer Capped**.

**Anleihen** Für den sicherheitsbewussten Anteil Ihres nachhaltigen Pantoffel-Portfolios können Sie anstelle von Anleihen ein Tagesgeldkonto bei einer nachhaltigen Bank wählen (s. Infobox). Es gibt bislang keine Anleihen-ETFs, die einen Nachhaltigkeits-Fokus haben. Je nachdem, wie Sie Nachhaltigkeit für sich definieren, können Sie denselben Anleihen-ETF auf europäische Staatsanleihen wählen, der auch im klassischen Pantoffel-Portfolio enthalten ist. So können Sie zumindest davon ausgehen, dass keine Staaten dabei sind, die beispielsweise die Todesstrafe tolerieren. Alternativ können Sie einen nachhaltigen Unternehmensanleihen-ETF wählen. Unternehmensanleihen sind risikobehafteter als Staatsanleihen. Bei der Wahl des Unternehmensanleihen-ETF ist daher eine Mischung von Anleihen und Rücklagen auf dem Tagesgeldkonto empfehlenswert. Für nachhaltige Unternehmensanleihen bietet sich ein ETF auf den **Barclays MSCI Euro Corporate Sustainable and SRI Index** an.

> **Beispiele**
>
> **Nachhaltige ETFs**
> Diese ETFs eignen sich besonders für die Umsetzung des **nachhaltigen Pantoffel-Portfolios**. Sie orientieren sich an den Empfehlungen von Finanztest (Stiftung Warentest. Finanztest 2019, S. 90 ff.).
>
> **Nachhaltige Aktien-ETFs**
>
> **MSCI World SRI 5 % Issuer Capped**
> UBS (LU0629459743)
>
> **Dow Jones Global Sustainability Screened**
> iShares (IE00B57X3V84)
>
> **MSCI Emerging Markets SRI**
> iShares (IE00B52VJ196)
> UBS (LU 1048313891) (dies ist die auf 5 % beschränkte Version)
>
> **Nachhaltige Anleihen-ETFs**
>
> **Barclays MSCI Euro Corporate Sustainable and SRI Index**
> db x-trackers (LU0484968812)
>
> **Europäische Staatsanleihen (identisch zum klassischen Pantoffel-Portfolio)**
> Bloomberg Barclays Euro Government Bond 1–3 Index
> iShares (IE00B3VTMJ91)

## 6.3 Den richtigen Zeitpunkt für die Investition abpassen

Nachdem wir einen oder mehrere ETFs ausgewählt haben, stellt sich die Frage nach dem besten Zeitpunkt, um zu investieren. Idealerweise würden wir immer zum günstigsten Kurs kaufen und teuer verkaufen, um so den größten Gewinn zu machen. Leider wissen wir nur rückblickend, wann jeweils diese Zeitpunkte waren. Über einen langen Zeithorizont ist die **„Buy and Hold"**-Strategie erfolgsversprechend, also der Ansatz, einmal zu kaufen und nie (oder erst nach sehr langer Zeit) zu verkaufen. Hier[11] finden Sie einen amüsanten Vergleich zwischen den verschiedenen Strategien. Wann ist aber der richtige Zeitpunkt für die Investition?

**Market Timing**
Beim Market Timing versuchen Sie, den besten Moment für eine Investition abzupassen. Hier ist die Argumentation ähnlich wie bei der Investition in einzelne Aktien: Statistisch gesehen werden Sie die bessere Rendite erzielen, wenn Sie breit streuen, anstatt einzelne Unternehmen herauszusuchen. Für den Zeitpunkt heißt das, dass Sie am besten damit fahren, regelmäßig per Sparplan (s. unten) investieren. Wenn Sie aber Spaß daran haben, sich in die Börse einzuarbeiten, wird Sie niemand davon abhalten. Außerdem kann es immer wieder Situationen geben, in denen Sie einen unverhofften Geldsegen – Erbschaft, Bonus, Lotteriegewinn – investieren wollen und dafür einmalige Investitionen tätigen. Sie müssen sich nicht zwischen einer Einmal-Anlage und einem Sparplan entscheiden. Der Sparplan bietet sich als Grundlage an, der durch zusätzliche punktuelle Investitionen ergänzt wird.

**Sparplan**
Ein ETF-Sparplan funktioniert wie ein Dauerauftrag: Sie richten am Anfang den Betrag (mindestens 25 €, bei manchen Depots mindestens 50 €) und die Häufigkeit

---

[11]https://finanzblogroll.de/buy-and-hold-ist-was-fuer-idioten/

(monatlich, zweimonatlich, quartalsweise) ein, und dann wird automatisch im festgelegten Intervall in den von Ihnen ausgewählten ETF investiert. Sie können den Sparplan jederzeit pausieren oder den Betrag verändern. Verkaufen können Sie Ihre ETFs ohnehin zu jedem Zeitpunkt. Da wir nicht zuverlässig den besten Kaufzeitpunkt identifizieren können, können wir auch nicht komplett falsch liegen. Per Sparplan kaufen wir einfach regelmäßig ETF-Anteile; mal teuer, mal günstig. Insbesondere die günstigen Anteile werden besonders schnell an Wert gewinnen und so die teuren Preise ausgleichen. Für eine Investorin, die regelmäßig, langfristig und mit geringem Aufwand investieren möchte, ist ein Sparplan eine wunderbare Möglichkeit der Investition.

## 6.4 Das richtige Depot auswählen und eröffnen

Ein Depot funktioniert wie ein Konto. Der Unterschied besteht darin, dass Sie in einem Depot keine Überweisungen tätigen, sondern an der Börse handeln. Mittlerweile gibt es viele Online-Depots, die keine regelmäßige Depotgebühr fordern und die sogar die Ausführung eines ETF-Sparplans kostenlos oder zu sehr geringen Kosten anbieten.

### 6.4.1 Depot auswählen

Sie können nicht jeden ETF in jedem Depot kaufen. Außerdem richtet sich die Kostenstruktur Ihres Depots nach der Höhe und der Häufigkeit Ihrer Investition. Daher ist es nicht möglich, ein Depot für alle Investorinnen zu empfehlen.

Bei den oben genannten Vergleichsplattformen (s. Abschn. 6.1.8) können Sie nicht nur Ihren ETF auswählen, sondern auch einsehen, welches Depot sich für diesen ETF besonders anbietet. Hierbei können Sie auch zwischen Sparplan oder Einmal-Anlage unterscheiden.

Wichtig ist es, auch beim Depot auf die Kosten zu achten, da diese sich ebenso wie hohe Fondsgebühren negativ auf unsere Netto-Rendite auswirken. Die meisten Online-Depots verlangen keine Depotgebühr. Es gibt aber eine Ordergebühr; diese wird bei jedem Handel fällig. Sparpläne sind teilweise kostenlos in der Ausführung, teilweise nicht.

## 6.4.2 Depot eröffnen

Ein Online-Depot zu eröffnen ist genauso einfach wie ein Konto zu eröffnen. Sie füllen die Formulare aus, identifizieren sich über das Post- oder Video-Ident-Verfahren und warten ein paar Tage, bis Sie die Unterlagen erhalten haben. Wer mit Online-Banking klarkommt, die kommt auch mit einem Online-Depot klar!

Falls Sie bereits ein Depot haben und dieses nun umziehen möchten, ist das mittlerweile recht einfach umzusetzen. Sie müssen lediglich ein Formular bei Ihrem neuen Depot ausfüllen, und der neue Depot-Anbieter kümmert sich darum, alle relevanten Informationen von Ihrem alten Depot zu erhalten. Ein Konto-Umzug ist übrigens genauso einfach und kann sich lohnen!

## 6.4.3 ETF kaufen

Wenn Sie sich für einen oder mehrere ETFs entschieden und ein Depot eröffnet haben, ist Ihre Investition nur noch wenige Mausklicks entfernt.

Zunächst wählen Sie über die Suchmaske Ihren ETF aus. Hierbei hilft die ISIN oder die WKN, denn darüber können Sie jeden Fonds zweifelsfrei identifizieren. Sie können auch direkt aus den ETF-Vergleichsportalen (justETF oder extraETF) heraus auf Ihr Depot zugreifen. Dafür wählen Sie im Vergleichsportal Ihren ETF aus und werden dann zu Ihrem Depot weitergeleitet, wo der ETF bereits für Sie ausgewählt ist.

Im nächsten Schritt geht es um die Investitionssumme. Bei einem Sparplan können Sie einfach den Betrag angeben, den Sie investieren möchten, und im nächsten Schritt das Intervall. Der ETF wird entsprechend gekauft, bei Bedarf sogar in Bruchstücken. Wenn Sie eine Einmal-Investition tätigen wollen, müssen Sie die Anzahl der ETF-Anteile angeben, die Sie erwerben wollen. Hierfür teilen Sie Ihren Investitionsbetrag durch den Preis des ETF und bekommen so die Stückzahl, die Sie kaufen wollen.

Im letzten Schritt müssen Sie nur noch auf „kaufen" klicken. Eine Online-Investition zu tätigen ist genauso einfach wie eine Online-Überweisung. Anfänglich kostet es Überwindung, aber mit ein wenig Übung geht es kinderleicht von der Hand.

## 6.5 Geldanlage für Kinder

Geld für den Nachwuchs zurückzulegen ist ein Ziel vieler Eltern, Paten oder Großeltern. Ein paar Dinge gibt es hierbei zu beachten.

Bevor Sie für Ihre Kinder vorsorgen, sollten erst sie selbst gut abgesichert sein. Es bringt Ihren Kindern nichts, die Ausbildung finanziert zu bekommen, wenn sie dafür später für Ihre Pflege aufkommen müssen.

> Nur wer stark ist, kann es sich leisten, gut zu sein!

Dann sollten Sie sich klar machen, was Sie erzielen wollen. Geht es darum, dem Sprössling zum 18. Geburtstag ein großes Geschenk zu machen? Oder wollen Sie für sich selbst vorsorgen für die Zeiten, wenn die Kinder teurer werden?

Kinder kosten mehr, je älter sie werden. Bis zu ihrem sechsten Lebensjahr kosten sie durchschnittlich etwa 7000 € pro Jahr; zwischen 12 und 18 kosten sie dagegen über 9400 € pro Jahr (Tab. 6.1).

Von der Geburt bis zur Einschulung kosten Kinder durchschnittlich gut 7000 € pro Jahr. Zwischen dem 6. und dem 12. Lebensjahr kosten sie im Schnitt jährlich 8232 €, und in der Pubertät (zwischen 12 und 18 Jahre) wird es mit 9408 € pro Jahr richtig teuer. Kleidung, Musikunterricht, Handy sind die Dinge, die die Kosten mit zunehmendem Alter in die Höhe treiben. Bis zur Volljährigkeit summiert sich das auf beinahe 150.000 € auf. Und danach wird es unter Umständen nicht sofort besser – eine Ausbildung ist teilweise ganz schön teuer (Statistisches Bundesamt 2017).

Es ist wichtig, diese Zahlen zu kennen, ohne sich von ihnen abschrecken zu lassen. Denn wenn wir wissen, dass Kinder in späteren Zeiten mehr Geld kosten, können wir

**Tab. 6.1** Kosten pro Kind nach Alter des Kindes. Zahlen für 2013. (Quelle: Statistisches Bundesamt 2017)

| Alter des Kindes | Kosten pro Monat | Kosten pro Jahr(€) |
|---|---|---|
| 0–6 Jahre | 587 € | 7044 |
| 6–12 Jahre | 686 € | 8232 |
| 12–18 Jahre | 784 € | 9408 |
| **Gesamtsumme bis zur Volljährigkeit** | | **148.104** |

uns bereits langfristig darauf vorbereiten: Wenn Sie beispielsweise von der Geburt Ihres Kindes an monatlich 50 € sparen, haben Sie an ihrem 12. Geburtstag 7200 € angespart. Dieses Geld können Sie dann langsam wieder „absparen". Sie könnten sich entweder monatlich einen bestimmen Betrag auszahlen, um die monatliche finanzielle Last zu senken. Alternativ können Sie größere Ausgaben – neue Sportschuhe, ein neues Fahrrad, ein Musikinstrument – davon bezahlen.

> Vorsorgen für Kinder heißt nicht nur, Ihre Kinder abzusichern oder ihnen zum 18. Geburtstag ein großes Geschenk machen zu können. Es heißt vielmehr, so vorausschauend zu planen, dass Ihre Familie für die verschiedenen Lebenssituationen finanziell vorbereitet ist.

Danach kommen die weiteren Fragen: Welche Art der Vorsorge? Und auf welchen Namen – den des Kindes, oder auf Ihren eigenen?

### 6.5.1 Welche Art der Geldanlage?

Insbesondere in den heutigen Zeiten mit extrem niedrigen Zinsen ist das altbekannte Sparbuch oder ein Tagesgeldkonto auf lange Sicht nicht zu empfehlen. Die Zinsen liegen hierbei unter der Inflation, das heißt also, das Geld verliert stetig an Wert.

Vor speziellen Produkten wie einer Ausbildungsversicherung warnen Verbraucherschützer: Sie bringen niedrige Rendite bei hohen Kosten (Verbraucherzentrale 2017).

Die genaue Wahl der Geldanlage hängt stark von der Dauer des Investitionshorizontes ab. Ist Ihr Kind gerade erst geboren, wenn Sie mit der Vorsorge anfangen? Oder ist es bereits 14 Jahre alt und soll in vier Jahren sein eigenes Geld verwalten? Prinzipiell lohnt sich auch für Kinder eine Investition in ETFs. Der Zeithorizont ist normalerweise deutlich länger als 10 Jahre und bietet somit alle Möglichkeiten, von einer hohen Aktienrendite zu profitieren und gleichzeitig Börsencrashs aussitzen zu können.

## 6.5.2 Auf welchen Namen läuft das Konto?

Wenn das Konto oder Depot auf den Namen des Kindes läuft, haben Sie als Vormund bis zu seinem 18. Geburtstag Verfügungsgewalt über dieses Geld. Damit dürfen Sie das Geld nur für Ihr Kind ausgeben, nicht jedoch für deine eigenen Bedürfnisse. Das kann Vor- und Nachteile haben. Einerseits zwingt es zur Disziplin, da das Geld nicht für ein neues Auto zur Verfügung steht. Andererseits können Sie es auch nicht für Ihre eigenen Bedürfnisse nutzen, obwohl das möglicherweise für die ganze Familie in der Situation besser wäre.

Außerdem hat Ihr Kind dann mit 18 auf jeden Fall die Entscheidungsfreiheit über sein Geld. Viele Kinder sind in dem Alter bereits reif genug, um vernünftig mit dem Geld umzugehen. Andere hingegen verjubeln es eher und bereuen vielleicht nach ein paar Jahren, nicht sparsamer damit umgegangen zu sein.

Wenn die Geldanlage auf den Namen Ihres Kindes läuft, können Sie zudem den steuerlichen Freibetrag ausnutzen. Das heißt, dass Sie mehr Gewinn aus der Geldanlage machen könnt, ohne dafür Steuern zu zahlen.

Allerdings erhält Ihr Kind bei zu hohem Vermögen möglicherweise kein BAföG oder Sozialhilfe für eine Übergangszeit beispielsweise zwischen Studienende und Arbeitsantritt. Außerdem fällt es aus der kostenfreien Mitversicherung in der gesetzlichen Krankenversicherung heraus.

## 6.6 Die häufigsten Fehler und wie Sie sie vermeiden können

### 6.6.1 Kurzfristiges Denken

Angeblich soll Albert Einstein den Zinseszins als achtes Weltwunder bezeichnet haben. Die meisten Menschen unterschätzen die Wirkung der Zeit und überschätzen die Möglichkeiten, die eine kurzfristige Geldanlage bietet. Der Ertrag ist bei gleichem Aufwand unvorstellbar viel höher, wenn die Laufzeit länger ist.

> **Beispiel**
>
> Nehmen wir an, Sie kommen unverhofft zu 10.000 €, mit denen Sie tun können, was Sie möchten. Sie überlegen, ob Sie sich ein Auto kaufen, Ihren Kindern eine Reise spendieren oder das Geld anlegen sollten. Erlebnisse sind wahnsinnig wertvoll und wir können lange von ihnen zehren. Dennoch sollten Sie sich einmal die Alternative der Geldanlage vor Augen führen: Wenn Sie diese 10.000 € bei 5 % jährlicher Rendite anlegen, haben Sie nach 10 Jahren bereits über 16.000 €. Nach 20 Jahren hat sich der Betrag auf über 26.000 € vermehrt, und nach 30 Jahren haben Sie über 43.000 € Vermögen (vgl. Abb. 6.2)! Wenn Sie also das Geld vorausschauend investieren, können Sie Ihren Kindern in 30 Jahren vier solcher Reisen schenken.

### 6.6.2 Wenn ich viel Geld habe, fange ich an zu investieren

Viele Menschen warten ab, bis sie viel Geld haben, bevor sie sich um ihre Finanzen kümmern. Dabei haben wir in Abschn. 6.6.1 gelesen, dass es nicht auf die Höhe der Investitionssumme ankommt, sondern auf die Länge des Investitionszeitraums. Außerdem tendieren die meisten

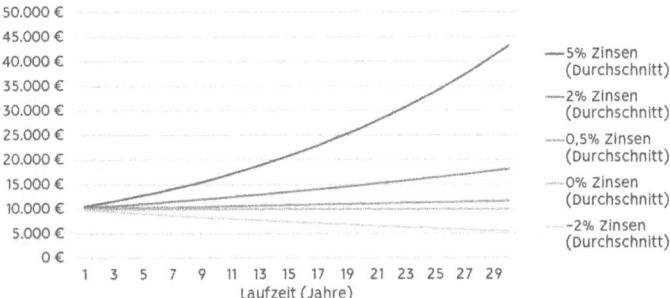

**Abb. 6.2** Entwicklung von 10.000 € Investition über 30 Jahre bei verschiedenen Zinssätzen

Menschen dazu, mit steigendem Einkommen auch ihre Ausgaben zu erhöhen. Das Vermögen stagniert somit. Es ist wichtig, dass wir uns gesunde Geldgewohnheiten aneignen. Mit solchen gesunden Gewohnheiten wächst fast automatisch unser Vermögen und wir erschaffen uns finanzielle Spielräume, die wir zur Geldanlage nutzen können.

> Wir müssen nicht reich sein, um zu investieren. Wir müssen investieren, damit es reicht.

### 6.6.3 Zu schnell aufgeben

Finanzen und die private Geldanlage sind wie eine Fremdsprache: Am Anfang ist es mühsam, sich einzuarbeiten; wir müssen Vokabeln auswendig lernen, die fremde Grammatik erschließt sich nicht sofort, und die Aussprache geht uns nur schwer von der Zunge. Je tiefer wir jedoch in das neue Thema einsteigen, umso deutlicher merken wir die Lernerfolge.

Auch bei unseren Finanzen sollten wir uns mit Elan und gleichzeitig mit Geduld auf den Weg machen. Es dauert eine Weile, bis wir die Inhalte verstanden haben. Und nachdem wir die Theorie verstanden haben, dauert es vermutlich noch einige Zeit, bis wir die Theorie auch wirklich in die Tat umgesetzt haben. Und auch, wenn wir das perfekte System erstellt haben, ist die Gültigkeit dieses Systems beschränkt; nach einigen Jahren sollten wir unsere Strategie und unser System auf den Prüfstand stellen und bei Bedarf anpassen.

> Geldanlage ist ein Marathon, kein Sprint. Kleine Schritte sind besser als keine Schritte.

Aller Anfang ist schwer. So ist es auch bei der Geldanlage. Hier kann es hilfreich, sich mit Gleichgesinnten auszutauschen. Machen Sie regelmäßige Finanzabende, besuchen Sie Stammtische zu dem Thema (zum Beispiel in regionalen Gruppen oder per Videokonferenz über das Female Finance Forum), oder bringen Sie das Thema im Freundeskreis auf. Am Anfang werden die Menschen vermutlich irritiert sein, aber vielleicht können Sie selber den Stein ins Rollen bringen und mit der Zeit zur Multiplikatorin und zum Vorbild für Ihr Umfeld werden.

Mit Finanzen ist es wie mit einer fremden Sprache: Wir müssen sie sprechen, um sie wirklich zu beherrschen und um die Feinheiten zu verstehen. Auch bei den Finanzen müssen Sie irgendwann ins kalte Wasser springen. Fangen Sie mit kleinen Beträgen an, investieren Sie 25 € und schauen Sie, wie es sich entwickelt und wie Sie sich damit fühlen. Sie können jederzeit und in Ihrem Tempo aufstocken oder die Strategie anpassen. Es ist besser, aktiv zu werden und 80 % richtig zu machen, als nicht aktiv zu bleiben und zu 100 % nichts zu tun.

> Das Wasser wird nicht wärmer, wenn Sie länger warten. Springen Sie!

### 6.6.4 Panik-Verkauf

Bislang gab es keine Phase, in der eine regelmäßige Investorin über einen langen Zeithorizont mit Aktien Verlust gemacht hat. Allerdings gilt diese Regel nur, wenn wir nicht mitten in der Krise in Panik verfallen und unsere Aktien verkaufen. In diesem Jahrtausend gab es zwei große Börseneinbrüche, in denen viele Menschen viel Geld verloren haben: 2001 und 2008. Allerdings haben die Menschen, die in diesen Jahren nicht verkauft haben, langfristig Gewinn gemacht – und zwar mehr, als wenn das Geld nur auf dem Konto gelegen hätte. Es ist also wichtig, finanziell und psychologisch einen Börseneinsturz aushalten zu können und abzuwarten, bis sich die Kurse wieder stabilisiert haben. Das kann durchaus einige Jahre dauern, aber bislang war es immer der Fall.

## 6.7 Kritik an ETFs

Wie jedes Finanzprodukt sind auch ETFs nicht perfekt. Teilweise ist die Kritik an ihnen aber auch offensichtliche Taktik: Banken verdienen kaum an ETFs. Ihre Bankberaterin hat also kein Interesse daran, Ihnen ETFs zu empfehlen; im Gegenteil, vermutlich wird sie Ihnen sogar davon abraten.

Dies sind häufigsten Kritikpunkte an ETFs:

**ETFs verstärken Markttendenzen**
Es wird häufig gesagt, ETFs verstärken Markttendenzen. Diese Kritik ist zum Teil berechtigt: Wenn

ein Unternehmen in einen Index „aufsteigt", müssen die ETFs Aktien dieses Unternehmens kaufen. Die so erhöhte Nachfrage treibt den Preis in die Höhe, obwohl sich an den grundlegenden Unternehmensdaten durch diesen „Aufstieg" nichts verändert hat. Besonders problematisch ist es, wenn ein Unternehmen aus dem Index herausfällt. Auch in solch einem Fall verkaufen die ETFs die Aktie; der Preis sinkt aufgrund der gesunkenen Nachfrage.

Bislang beträgt der Anteil an privatem Vermögen in Deutschland, das in ETFs investiert ist, allerdings trotz des rasanten Wachstums der letzten Jahre weniger als 10 %. Die Sorge, dass ETFs den Markt dominieren könnten, bleibt somit auf absehbare Zeit unbegründet (Stiftung Warentest. Finanztest 2019).

**ETFs locken nicht-mündige Anlegerinnen mit falschen Versprechen**
ETFs gelten als sehr einfach und für jedermann zugänglich. Das erhöht die Gefahr, dass Menschen investieren, ohne die Grundlagen wirklich verstanden zu haben. Diese Menschen verkaufen womöglich schneller in einem Kursabsturz als Menschen, die sich besser mit Geldanlage auskennen. Dadurch entstehen Verluste für die Anlegerinnen, die zum ungünstigsten Zeitpunkt, nämlich mitten in der Krise und daher mit hohem Verlust, verkaufen. Außerdem verstärkt dieses Verhalten zusätzlich die Markttendenzen aus dem vorherigen Punkt. Hier ist allerdings zu sagen, dass auch aktive Fonds jederzeit von panischen Anlegerinnen verkauft werden können; und hier kommt zu den Anlegerinnen auch noch das Risiko hinzu, dass die Fondsmanagerin verkaufen möchte. ETFs sind also möglicherweise besser als aktive Fonds.

Die Gefahr, dass unmündige Anlegerinnen vorschnell in ETFs investieren und dann in Panik und zum falschen

Zeitpunkt ihre ETFs verkaufen, ist durchaus berechtigt. **Das ist aber keine Kritik an ETFs, sondern an mangelnder Finanzbildung.** Wir können zwar innerhalb von einer Stunde in einen ETF investieren, aber damit haben wir nicht das notwendige Wissen, um in einem Börsencrash ruhig zu bleiben. Leider ist finanzielle Bildung in Deutschland nicht weit verbreitet. Daher bräuchten wir ein Schulfach „Allgemeine Lebensfähigkeit", in denen unter anderem das Fach Finanzen inklusive Versicherungen, Geldanlage und Steuern gelehrt wird.

**Kontrahentenrisiko**
Einige ETFs kaufen andere Aktien als die, die in dem Index enthalten sind, und tauschen diese mit anderen Finanzinstituten, die die „richtigen" Aktien haben. Bei diesen Tauschgeschäften besteht die Gefahr, dass der Tauschpartner zahlungsunfähig wird. Allerdings ist der Umfang dieser Tauschgeschäfte gesetzlich reglementiert und wird daher von Expertinnen als ungefährlich eingeschätzt. Außerdem können Anlegerinnen wählen, ob sie solch einen swap-basierten ETF kaufen möchten oder nicht (s. Abschn. 6.1.2).

**Anlegerinnen geben durch ETFs ihr Aktionärsstimmrecht ab**
Dieser Aspekt ist aus meiner Sicht der relevanteste Kritikpunkt. Ein ETF besucht keine Hauptversammlung und beeinflusst mit seiner Stimme nicht die zukünftige Ausrichtung des Managements. Wenn der Großteil der Aktien eines Unternehmens von ETFs gehalten werden, ist die Mehrheit der Anteilseigner stumm; das Unternehmen wird also von einer Minderheit der Aktionäre gesteuert. Eine Fondsmanagerin kann dieses Stimmrecht ausüben, ein ETF entsprechend nicht. Es ist allerdings nicht garantiert, dass die Fondsmanagerin in unserem Interesse spricht.

Unser Stimmrecht als Aktionärin können wir nur wirklich ausüben, wenn wir direkt Aktien eines Unternehmens kaufen. Dafür brauchen wir aber viel Geld, um Aktien von so vielen Unternehmen zu kaufen, dass unser Risiko breit gestreut ist. Damit hätten wir vermutlich nur winzige Anteile an jedem einzelnen Unternehmen, dass unsere Stimme quasi keinen Einfluss mehr hat.

# 7
# Am Ende des Investitionshorizonts

**Zusammenfassung** Nachdem wir über viele Jahre oder Jahrzehnte eingezahlt und investiert haben, kommt irgendwann der Zeitpunkt, zu dem wir auf unser Vermögen zurückgreifen möchten. In diesem Kapitel werden die dafür notwendigen Strategien betrachtet: Wie Sie den richtigen Zeitpunkt für den Verkauf erkennen, wie Sie sich ein finanziell freies Leben durch Dividendenzahlungen organisieren, und wie Sie Ihre Gewinne auf ETFs versteuern müssen.

Gehen wir davon aus, Sie haben investiert, Ihr Geld hat sich über viele Jahre vermehrt, und nun kommt der Zeitpunkt, zu dem absehbar ist, dass Sie Ihr Vermögen demnächst benötigen. Sei es, um Ihre Rente aufzubessern, oder für einen anderen Zweck.

## 7.1 Der richtige Zeitpunkt für den Verkauf

Es gibt keinen richtigen Zeitpunkt für den Kauf eines ETFs; da die Börse unvorhersehbar ist, ist heute für die regelmäßige und langfristige Investorin besser als morgen. Beim Verkauf ist die Herangehensweise etwas anders. Wenn wir mitten in einer Krise verkaufen (müssen), können wir fast sicher sein, Verluste zu machen. Daher eignet sich eine Investition an der Börse für die langfristige Geldanlage von mindestens 10 Jahren (vgl. Kap. 5).

Wenn sich unsere Pläne also so entwickeln, dass wir absehbar unser Vermögen benutzen müssen oder möchten, sollten wir rechtzeitig das Risiko-Rendite-Verhältnis unserer Investition anpassen. Konkret heißt das, dass wir unseren risikoreichen Anteil, also unsere Investitionen in Aktien (Abschn. 6.1.1), reduzieren und den risikoarmen Anteil, also Anleihen-Investitionen und Rücklagen auf dem Tagesgeldkonto, erhöhen sollten. Durch diese Veränderung der Struktur unserer Investitionen reduzieren wir zwar die Rendite, wir reduzieren aber auch das Risiko, dass unser Vermögen in einem Börsencrash signifikant an Wert verliert.

Idealerweise reicht es, wenn Sie die Investitionssumme des Sparplans auf Ihren Aktien-ETF reduzieren und pausieren und dafür die Summe auf den Anleihen-Sparplan erhöhen. Dadurch verändert sich automatisch das Verhältnis von risikoreich zu risikoarm. Alternativ verkaufen Sie Aktien-Anteile und verwahren dieses Geld entweder auf dem Tagesgeldkonto, oder Sie investieren es in Anleihen-ETFs. Wenn Sie Aktien-Anteile verkaufen wollen, sollten Sie zwar idealerweise nicht mitten in einer Krise verkaufen. Sie sollten aber auch eine Wachstumsphase nicht bis zuletzt ausreizen, denn niemand weiß, wann diese Phase vorbei ist. Zum Ende unserer aktiven Investitionszeit gilt:

> Es kommt in den letzten Monaten nicht mehr darauf an, den letzten Cent Gewinn mitzunehmen. Es kommt darauf an, in den letzten Monaten keinen Verlust zu machen, sondern den Gewinn der letzten Jahrzehnte mitzunehmen.

## 7.2 Leben von der Dividende – finanzielle Freiheit

Falls Sie, wie in Abschn. 4.5 beschrieben, finanzielle Freiheit angestrebt und zu einem gewissen Zeitpunkt erreicht haben, müssen Sie sich keine Gedanken darum machen, welches der richtige Zeitpunkt ist, um zu verkaufen. Denn: Sie müssen nicht verkaufen!

Für diese Strategie kann es sinnvoll sein, Ihre ETFs von thesaurierend auf ausschüttend umzustellen (vgl. Abschn. 6.1.3). Hierfür müssen Sie die thesaurierenden ETFs in Ihrem Portfolio verkaufen und den Erlös in ausschüttende ETFs investieren. Dann bekommen Sie in regelmäßigen Abständen die Dividende ausgeschüttet und können sich von diesem Gewinn ein schönes Leben machen.

## 7.3 Steuern

Das deutsche Steuersystem ist komplex und verändert sich immer wieder. Erst 2018 gab es einige große Veränderungen in der Besteuerung von Fondserträgen. Hier wird die Besteuerung nach dem aktuellen Stand erläutert. Aufgrund der häufigen Veränderungen gehen wir nicht in die Tiefe. Steuern oder eine mögliche Steuerersparnis sollte daher kein primäres Entscheidungsmerkmal für oder gegen ein Geldanlageprodukt sein. Für Sie ist wichtig zu wissen: Die Bank führt die Steuern automatisch ab.

Die Gewinne aus ETFs müssen Sie wie alle Kapitalanlagen versteuern. Diese sogenannte **Abgeltungssteuer** beträgt 25 %. Hinzu kommt der **Solidaritätszuschlag** und gegebenenfalls die **Kirchensteuer.** Alle diese Abgaben werden von Banken, die in Deutschland ansässig sind, automatisch ans Finanzamt abgeführt. Sofern Sie einen Freistellungsauftrag gestellt haben, zieht Ihre Bank die Steuern erst ab, wenn Ihr jährlicher Gewinn größer als 801 € ist.

**Hintergrundinformation**
Durch den **Freistellungsauftrag** können Sie bis zur Höhe des **Sparerpauschbetrags** von jährlich 801 € (1602 € bei verheirateten Paaren) Kapitalerträge erzielen, ohne Steuern zahlen zu müssen. Die Steuern werden erst fällig, wenn Sie mehr als 801 € Gewinn aus Ihren Kapitalanlagen bekommen. Unter diese Kapitalanlagen fallen auch Ihre Konten, auf die Sie möglicherweise Zinsen erhalten.

Den Freistellungsauftrag können Sie direkt bei Ihrer Bank beantragen.

Seit 2018 werden die Gewinne aller ETFs, egal ob thesaurierend oder ausschüttend, besteuert. Bei ausschüttenden ETFs wird die tatsächlich ausgeschüttete Dividende mit dem geltenden Steuersatz versteuert. Bei thesaurierenden ETFs ist es ein wenig komplizierter, weil Ihnen kein Gewinn ausgeschüttet wird. Hier errechnet Ihre Bank eine Vorabpauschale als theoretischen Ertrag Ihrer thesaurierenden ETFs und führt hierauf die Abgeltungssteuer ab. Sie versteuern Ihren (theoretischen) Gewinn also jedes Jahr und nicht, wie früher, nur auf den realisierten Gewinn. Wenn Sie irgendwann Ihre ETF-Anteile verkaufen, zahlen Sie folglich im Verkaufsjahr keine höheren Steuern als in den Jahren zuvor.

Wenn Sie Ihr Depot bei einer inländischen Bank haben, führt diese die Steuern direkt ans Finanzamt ab. In der jährlichen Bescheinigung, die Sie von der Bank erhalten, wird diese Information für Ihre Steuererklärung festgehalten.

# 8
# Abschließende Bemerkungen

**Zusammenfassung** Im Rahmen dieser abschließenden Bemerkungen werden die häufigsten Fragen beantwortet und ein letzter, ganzheitlicher Blick auf das Thema Finanzen geworfen. Es geht um die Suche nach einer Beraterin und private Rentenversicherungen wie Riester oder Rürup. Außerdem werden Tipps für eine positive Herangehensweise und eine gesunde Balance im Umgang mit Finanzen gegeben.

## 8.1 Mit Beraterin oder ohne?

Für viele Aspekte der privaten Geldanlage ist keine Beratung notwendig. Es gibt viele Informationsquellen in Büchern, im Internet oder bei öffentlichen Stellen. Wenn Sie doch eine Beratung in Anspruch nehmen möchten, ist es immer hilfreich, sich diese Frage zu merken:

> Was hat mein Gegenüber davon, mir dieses Produkt zu empfehlen?

## 8.1.1 Die „normale" Bankberatung

Eine Finanzberatung durch eine Bank oder einen Versicherungsbetrieb hat ein grundlegendes Problem: Die Beraterin verdient insbesondere dann, wenn ihre Kundin ein Produkt abschließt, zum Beispiel eine Versicherung oder einen Fonds; die Beratung an sich ist ja kostenlos. Für die Beraterin besteht also ein Anreiz, der Kundin ein Produkt ihrer Bank zu verkaufen, unabhängig davon, ob die Kundin dieses Produkt benötigt oder nicht.

Wenn ich zu einem Autohaus einer bestimmten Marke hingehe, weiß ich, dass die dortige Verkäuferin versuchen wird, mir eines ihrer hauseigenen Autos zu verkaufen; deshalb heißt sie Autoverkäuferin, nicht Autoberaterin. Als Kundin recherchiere ich im Vorfeld, vergleiche verschiedene Marken und Modelle und hole mehrere Meinungen ein, bevor ich mich entscheide. Ebenso sollten wir es bei unseren Finanzen halten: Eine normale Bankberaterin wird mir im Beratungsgespräch nur die Fonds oder Finanzprodukte ihrer Bank anbieten. Möglicherweise ist das genau das Produkt, das ich benötige. Ich sollte mir aber klar vor Augen führen, dass die Beraterin ein Interesse daran hat, mir genau dieses Produkt zu empfehlen und dafür zu sorgen, dass ich es kaufe. Analog sollte eine Bankberaterin meiner Meinung nach „Bankverkäuferin" heißen anstelle von „Bankberaterin".

Banken und Versicherungen verdienen daran, dass Kundinnen Produkte kaufen. Die vermeintlich kostenlose Beratung ist in Wirklichkeit keinesfalls kostenlos. Nehmen wir an, Sie wollen bei Ihrer Bank in einen Fonds investieren. Zunächst gibt es einen Ausgabeaufschlag;

das ist ein prozentualer Anteil Ihres Vermögens (meistens etwa 5 %), den Sie für den Abschluss des Vertrags zahlen. Das ist der Bonus der Beraterin. Wenn Sie 10.000 € anlegen, zahlen sie also 500 € bei Vertragsabschluss. Nach Abschluss wird eine jährliche Verwaltungsgebühr in Höhe von 1 bis 2 % pro Jahr fällig. Nehmen wir als Durchschnitt 1,5 % laufende Kosten. Das sind 150 € Kosten pro Jahr. Über 10 Jahre summiert sich das auf 1500 € Verwaltungsgebühr; zusammen mit den 500 € Ausgabeaufschlag kommen Sie auf 2000 € Gebühren für 10.000 €, die Sie über 10 Jahre anlegen. Das sind 20 % des Gewinns! Bei einem ETF zahlen Sie keinen Ausgabeaufschlag und haben deutlich niedrigere Verwaltungsgebühren in Höhe von durchschnittlich 0,35 %. Bei 10.000 € sind das 35 € Verwaltungsgebühr pro Jahr; über 10 Jahre entsprechend 350 € (anstelle von 2000 €).

Verbraucherzentralen fordern daher seit längerem ein Verbot des Provisionsverbots (Verbraucherzentrale Bundesverband 2019).

## 8.1.2 Die Alternative: eine Honorarberatung

Die Bankberaterin hat ein Interesse daran, Ihnen ein Produkt zu verkaufen, weil sie an dem Gewinn beteiligt ist. Dieser Anreiz kann entfernt werden, wenn Sie der Beraterin stattdessen ein Honorar zahlen und sie nicht davon profitiert, wenn Sie im Anschluss ihrem Rat folgen. Sie hat also ein Interesse daran, Sie möglichst gut zu beraten; nicht, Ihnen ein Produkt zu verkaufen. Nach diesem Konzept funktioniert die Honorarberatung: Sie zahlen der Beraterin einen Stundenlohn für die Beratung, und im Gegenzug erhalten Sie eine wirklich unabhängige Beratung. Auf den ersten Blick mag diese Beratung teurer erscheinen, weil Sie das Honorar direkt zahlen, wohingegen es bei der Bank versteckt ist. Wenn Sie jedoch einmal berechnen, wie hoch die Kosten bei der Bank über mehrere Jahre tatsächlich sind, sehen Sie sofort, dass die Honorarberatung deutlich günstiger ist.

Eine Honorarberatung können Sie beispielsweise bei der **Verbraucherzentrale**[1] oder über den **Verbund Deutscher Honorarberater**[2] erhalten.

## 8.2 Private Rentenversicherung als Alternative

Es gibt in Deutschland viele Möglichkeiten, neben der gesetzlichen Rente mit verschiedenen Rentenprodukten und Versicherungen für später vorzusorgen. Hierbei gilt: Schauen Sie sehr genau ins Kleingedruckte. Bei einer Versicherung zahlen Sie hohe Kosten dafür, dass Sie später eine garantierte Zahlung erhalten. Möglicherweise ist das sehr gut angelegtes Geld.

> Nichts ist teurer als eine Versicherung, die Sie nicht brauchen – außer einer Versicherung, die Sie brauchen, aber nicht haben.

Die Riester-Rente und die Rürup-Rente sind weit verbreitete Optionen, die Makler gerne verkaufen. Es gibt Konstellationen, in denen diese Produkte absolut sinnvoll und gewinnbringend sind. Auch hier sollten Sie sehr genau hinschauen, denn nicht für alle Menschen und Lebensentwürfe eignen sich diese Produkte.

---

[1] https://www.verbraucherzentrale.de
[2] https://www.verbund-deutscher-honorarberater.de

Diese Renten- oder Versicherungsprodukte sind aber keine Alternative zur Investition am Kapitalmarkt. Sie können eine sehr passende **Ergänzung** sein. Langfristig erreichen Sie ein deutliches Wachstum Ihres Vermögens nur durch Teilhabe am Kapital- oder Immobilienmarkt. Es ist also sehr sinnvoll, Sicherheit durch die Rentenprodukte mit Rendite durch Aktieninvestitionen zu kombinieren.

## 8.3 Denken Sie positiv!

„Ich muss mich um meine Finanzen kümmern." – Müssen Sie, oder haben Sie Gestaltungsmöglichkeiten und können oder sogar dürfen sich um Ihre Finanzen kümmern? Versuchen Sie, das Thema positiv anzugehen: Statt von AltervorSORGE könnten wir von AltersvorFREUDE reden und uns über die Gestaltungsmöglichkeiten freuen, die wir haben. Sie haben es in der Hand!

## 8.4 Bleiben Sie in Balance!

Finanzen ist ein wichtiges Thema, um das wir uns kümmern sollten und dürfen. Dennoch ist es wichtig, eine gesunde Balance zu bewahren. Wir wollen weder ein Dagobert Duck sein, der zwar extrem reich, aber gleichzeitig geizig ist und weder sich noch anderen Menschen etwas gönnt. Wir wollen aber auch kein Donald Duck sein, der gedankenlos und fröhlich in den Tag hineinlebt, aber bei jeder kleineren Panne von seinem Onkel Dagobert und dessen Gutdünken abhängig ist. Versuchen Sie, eine für Sie passende Balance aus Ihrem „jetzigen Ich" und Ihrem „zukünftigen Ich" zu finden.

## 8.5 Geben Sie Ihr Wissen weiter!

Finanzen sind ein emotionales Tabu-Thema, vor dem wir gerne die Augen verschließen. Dabei wissen Sie spätestens nach der Lektüre dieses Buches, dass es ein essenziell wichtiges und gar nicht so unfassbar kompliziertes Thema ist. Außerdem wissen Sie, dass Vorbilder für uns äußerst wichtig sind und dass wir (zu) wenige weibliche Vorbilder im Finanzbereich haben (vgl. Abschn. 2.2). Seien Sie selbst das Vorbild für andere Frauen in Ihrem Umfeld! Ob für die Mutter, Tochter, Freundin oder Bekannte – reden Sie über Finanzen, bringen Sie das Thema zur Sprache und seien Sie der Stein, der Kreise im Wasser zieht.

> Die Welt verändert sich durch dein Vorbild, nicht durch deine Meinung. – Paulo Coelho

# Literatur

Arbeitsvertrag.org. (2017). Von Teilzeit: Rente im Sinkflug in Bezug auf Halbtagsstellen? https://www.arbeitsvertrag.org/teilzeit-rente/.

Barth, E., Kerr, S. P., & Olivetti, C. (2017). *The dynamics of gender earnings differentials: Evidence from establishment data*. NBER.

BMFSFJ. (2019). Mitten im Leben. Bundesministerium für Familie, Senioren, Frauen und Jugend. https://www.bmfsfj.de/blob/83858/928434dae7d841aadc5d2b0ef137573b/20160307-studie-mitten-im-leben-data.pdf.

Börse Frankfurt. (29. September 2019). Börse Frankfurt. https://www.boerse-frankfurt.de/grundlagen/frankfurter-wertpapierboerse/geschichte.

Bundesagentur für Arbeit. (2019). Die Arbeitsmarktsituation von Frauen und Männern 2018. https://statistik.arbeitsagentur.de/Statischer-Content/Arbeitsmarktberichte/Personengruppen/generische-Publikationen/Frauen-Maenner-Arbeitsmarkt.pdf.

Bundesministerium für Arbeit und Soziales. (1. Juli 2018). Die Rentenbestände in der gesetzlichen Rentenversicherung in der Bundesrepublik Deutschland. https://www.bmas.de/SharedDocs/Downloads/DE/PDF-Publikationen/Rentenbestandsstatistik-2018.pdf?__blob=publicationFile&v=2. Zugegriffen: 20. Juli 2019.

Bundesregierung. (2016). Bericht der Bundesregierung zur Lebensqualität in Deutschland. https://www.bmwi.de/Redaktion/DE/Publikationen/Wirtschaft/bericht-der-bundesregierung-zur-lebensqualitaet-in-deutschland.pdf?__blob=publicationFile&v=8.

Bundeszentrale für politische Bildung. (2014). https://www.bpb.de/nachschlagen/zahlen-und-fakten/soziale-situation-in-deutschland/61842/standardrentenniveau.

Delers, A. (2018). *Das Pareto-Prinzip: Die 80/20-Regel.* 50Minuten.de.

Deutsche Bundesbank. (2018). Messung der allgemeinen Preisentwicklung. https://www.bundesbank.de/de/service/schule-und-bildung/schuelerbuch-geld-und-geldpolitik-digital/messung-der-allgemeinen-preisentwicklung-614202#tar-3. Zugegriffen: 20. Juli 2019.

Deutsche Rentenversicherung. (1. Oktober 2019). Die Grundsicherung für Bedürftige. https://www.deutsche-rentenversicherung.de/DRV/DE/Rente/In-der-Rente/Grundsicherung/grundsicherung_node.html.

Deutsches Institut für Wirtschaftsforschung. (2018). Wochenbericht 1+2 2018: Managerinnen-Barometer 2018. https://www.diw.de/documents/publikationen/73/diw_01.c.574727.de/18-1.pdf.

Dimson, E., Marsh, P., & Staunton, M. (2019). *Credit Suisse Global Investment Returns Yearbook 2019.* Credit Suisse.

Fair Pay Innovation Lab. (1. Oktober 2019). Fair pay innovation lab. https://www.fpi-lab.org/das-fpi/.

Finanztip. (13. Januar 2017). Ehegattenunterhalt. https://www.finanztip.de/ehegattenunterhalt/.

Fiske, S. T., Cuddy, A. J., Glick, P., & Xu, J. (2002). A model of (often mixed) stereotype content: Competence and warmth

respectively follow from perceived status and competition. *Journal of Personality and Social Psychology.* https://doi.org/10.1037//0022-3514.82.6.878.
Forsa. (2015). CosmosDirekt. www.cosmosdirekt.com.
Forsa. (9. August 2017). Partnersuche: Geld oder Liebe? Beides! https://www.cosmosdirekt.de/veroeffentlichungen/partnersuche-219062/.
Forsa. (2017). Was in Beziehungen für Zündstoff sorgt. https://www.cosmosdirekt.de/veroeffentlichungen/beziehungen-245260/.
Forum Nachhaltige Geldanlagen. (29. September 2019). Nachhaltige Geldanlagen. https://www.forum-ng.org/de/nachhaltige-geldanlagen/nachhaltige-geldanlagen.html.
Gruppe Deutsche Börse. (29. September 2019). Gruppe Deutsche Börse. Von Börsengeschichte(n). https://deutsche-boerse.com/dbg-de/regulierung/deutsche-boerse-aktuell/boersengeschichte.
Industrie- und Handelskammer Nürnberg für Mittelfranken. (29. September 2019). Lexikon der Nachhaltigkeit. https://www.nachhaltigkeit.info/artikel/sri_socially_responsible_investment_1610.htm.
Institut Arbeit und Qualifikation der Universität Duisburg-Essen. (2019). http://www.sozialpolitik-aktuell.de/tl_files/sozialpolitik-aktuell/_Politikfelder/Alter-Rente/Datensammlung/PDF-Dateien/abbVIII37.pdf.
Jungbauer-Gans, M. (2002). *Ungleichheit, soziale Beziehungen und Gesundheit.* Wiesbaden: Westdeutscher Verlag.
justETF. (1. Oktober 2019). ETF-Kostenrechner. https://www.justetf.com/de/cost-calculator.html.
Kieselbach, T. (2006). *Arbeitslosigkeit, soziale Exklusion und Gesundheit: Zur Notwendigkeit eines sozialen Geleitschutzes in beruflichen Transitionen.*
Kleine, J., Krautbauer, M., & Weller, T. (2013). *Nachhaltige Investments aus dem Blick der Wissenschaft: Leistungsversprechen und Realität.* Steinbeis-Hochschule Berlin.
Kleven, H., Landais, C., Posch, J., Steinhauer, A., & Zweimüller, J. (2019). Child penalties across countries:

Evidence and explanations. https://www.henrikkleven.com/uploads/3/7/3/1/37310663/klevenetal_aea-pp_2019.pdf.

Kommer, G. (2018a). *Souverän investieren für Einsteiger: Wie Sie mit ETFs ein Vermögen bilden.* Frankfurt a. M.: Campus.

Kommer, G. (2018b). *Souverän investieren mit Indexfonds & ETFs: Wie Privatanleger das Spiel gegen die Finanzbranche gewinnen.* Frankfurt a. M.: Campus.

Manager Magazin. (2014). Frauen sind die besseren Hedgefonds Manager. *Manager Magazin.*

Mani, A., Mullainathan, S., Shafir, E., & Zhao, J. (August 2013). Poverty impedes cognitive function. *Science, 341,* 976–980.

Mental Health UK. (2018). One in six people with money problems have had suicidal thoughts. https://mentalhealth-uk.org/blog/one-in-six-people-with-money-problems-have-had-suicidal-thoughts/.

Mietzel, G. (2005). *Wege in die Psychologie.* Stuttgart: Klett-Cotta.

OECD. (2017). G20/OECD INFE report on adult financial literacy in G20 countries. http://www.oecd.org/daf/fin/financial-education/G20-OECD-INFE-report-adult-financial-literacy-in-G20-countries.pdf.

OECD. (2019). https://www.oecd.org/inclusive-growth/#introduction. Zugegriffen: 30. Jan 2020.

Rüger, H., Löffler, I., Ochsmann, E., Alsmann, C., Letzel, S., & Münster, E. (2010). Psychische Erkrankung und Überschuldung. *Psychotherapie, Psychosomatik, medizinische Psychologie, 60*(7), 250–254.

Scheidung.org. (1. Oktober 2019). Scheidungsstatistik – Wie viele Menschen lassen sich jährlich scheiden? https://www.scheidung.org/scheidungsstatistik/.

Simon, V. (2010). Fürsorge – Frauensache. Süddeutsche Zeitung. https://www.sueddeutsche.de/leben/familienministerin-zur-pflegezeit-fuersorge-frauensache-1.23367.

Spox. (26. Juni 2017). Spox. http://www.spox.com/de/sport/fussball/1706/Artikel/bundesliga-2-liga-3-liga-gehalt-durchschnitt-top-verdiener.html. Zugegriffen: 05. Nov. 2017.

Statisches Bundesamt. (2017a). https://www-genesis.destatis.de/genesis/online/data;sid=1CAEA488D3A4FB3B-91E3185B1F6FDEC6.GO_1_1?operation=previous&levelindex=1&step=0&titel=Themen+%2F+Statistiken&levelid=1559571725612&levelid=1559571725510.
Statisches Bundesamt. (2017b). https://www.destatis.de/DE/Themen/Gesellschaft-Umwelt/Bevoelkerung/Eheschliessungen-Ehescheidungen-Lebenspartnerschaften/_inhalt.html.
Statisches Bundesamt. (2018). https://www.destatis.de/DE/Presse/Pressemitteilungen/2018/03/PD18_099_621.html.
Statisches Bundesamt. (2019a). https://www-genesis.destatis.de/genesis/online/logon?sequenz=tabelleErgebnis&selectionname=12621-0002&zeitscheiben=16&sachmerkmal=ALT577&sachschluessel=ALTVOLL000,ALTVOLL020,ALTVOLL040,ALTVOLL060,ALTVOLL065,ALTVOLL080.
Statisches Bundesamt. (2019b). Geld- und Immobilienvermögen sowie Schulden privater Haushalte am 1.1. in den Gebietsständen: https://www.destatis.de/DE/Themen/Gesellschaft-Umwelt/Einkommen-Konsum-Lebensbedingungen/Vermoegen-Schulden/Tabellen/geld-immob-verm-schulden-evs.html. Zugegriffen: 2. June 2019.
Statisches Bundesamt. (2019c). Ehen im Wandel. https://www.destatis.de/DE/Themen/Querschnitt/Demografischer-Wandel/Hintergruende-Auswirkungen/demografie-ehen.html.
Statisches Bundesamt. (2019d). Elterngeld: 4 % mehr Empfängerinnen und Empfänger im Jahr 2018. Von Elterngeld: 4 % mehr Empfängerinnen und Empfänger im Jahr 2018. https://www.destatis.de/DE/Presse/Pressemitteilungen/2019/04/PD19_145_22922.html;jsessionid=842BC33C579CD1437EF346899C9B42B7.internet731.
Stiftung Warentest. Finanztest. (2019). *Anlegen mit ETF. Geld bequem investieren mit ETF und Indexfonds.* Berlin: Stiftung Warentest.

Tagesschau. (3. März 2019). Wie hoch ist der Gender Pay Gap tatsächlich? https://www.tagesschau.de/faktenfinder/inland/genderpaygap-103.html.

Verbraucherzentrale. (19. September 2017). Sparen für den Nachwuchs: Sparpläne und Versicherungen. https://www.verbraucherzentrale.de/wissen/geld-versicherungen/sparen-und-anlegen/sparen-fuer-den-nachwuchs-sparplaene-und-versicherungen-10660.

Verbraucherzentrale Bundesverband. (30. September 2019). Verbraucherzentrale Bundesverband. Von Provisionen im Finanzvertrieb verbieten: https://www.vzbv.de/meldung/provisionen-im-finanzvertrieb-verbieten.

Warren, E. (2006). *All your worth: The ultimate lifetime money plan*. New York: Free Press.

Welt. (2. Februar 2011). Welt. https://www.welt.de/sport/fussball/article12420729/Jeder-vierte-Profi-ist-am-Karriereende-pleite.html. Zugegriffen: 2. Febr. 2011.

Wilson, A. (2014). *The wealth chef: recipes to make your money work hard, so you don't have to*. United States of America: Hay House.

Wissenschaft.de. (2017). Ungleichheit, soziale Beziehungen und Gesundheit. https://www.wissenschaft.de/gesellschaft-psychologie/das-soziale-und-die-gesundheit/.

GPSR Compliance
The European Union's (EU) General Product Safety Regulation (GPSR) is a set of rules that requires consumer products to be safe and our obligations to ensure this.

If you have any concerns about our products, you can contact us on

ProductSafety@springernature.com

In case Publisher is established outside the EU, the EU authorized representative is:

Springer Nature Customer Service Center GmbH
Europaplatz 3
69115 Heidelberg, Germany

www.ingramcontent.com/pod-product-compliance
Lightning Source LLC
LaVergne TN
LVHW020346260326
834688LV00045B/1554